复变函数与积分变换练习题集

谢灵红　卿铭　编

西南交通大学出版社
·成都·

图书在版编目（CIP）数据

复变函数与积分变换练习题集 / 谢灵红，卿铭编
. 一成都：西南交通大学出版社，2020.8（2024.9 重印）
ISBN 978-7-5643-7602-4

Ⅰ.①复… Ⅱ.①谢…②卿… Ⅲ.①复变函数 – 高等学校 – 习题集②积分变换 – 高等学校 – 习题集 Ⅳ.
①O174.5-44②O177.6-44

中国版本图书馆 CIP 数据核字（2020）第 166763 号

Fubian Hanshu yu Jifen Bianhuan Lianxitiji

复变函数与积分变换练习题集

谢灵红　卿　铭　编

责任编辑	何明飞
封面设计	何东琳设计工作室
出版发行	西南交通大学出版社 （四川省成都市金牛区二环路北一段 111 号 西南交通大学创新大厦 21 楼）
邮政编码	610031
发行部电话	028-87600564　028-87600533
网址	http://www.xnjdcbs.com
印刷	四川森林印务有限责任公司

成品尺寸	210 mm×285 mm
印张	7.25
字数	162 千
版次	2020 年 8 月第 1 版
印次	2024 年 9 月第 4 次
定价	19.80 元
书号	ISBN 978-7-5643-7602-4

课件咨询电话：028-81435775
图书如有印装质量问题　本社负责退换
版权所有　盗版必究　举报电话：028-87600562

前 言

"复变函数与积分变换"是普通高等院校理工科专业的一门重要基础课，它是解决实际问题的重要工具，在自然科学和工程技术的许多领域有着广泛的应用。为了帮助在校大学生学好这门课程，依据教育部制定的高等学校《工科数学课程教学基本要求》，编写了这本练习题集。

在编排方面，根据课程各章节教学内容的先后次序以及基本概念、基本方法、重点、难点，精选了各类练习题，包含判断题、选择题、填空题、计算题、解答题、证明题等，最后给出 7 套综合测试题，可以帮助学生检测对所学知识的掌握程度。本书的习题取材适当、难易兼顾，具有较强的针对性和代表性，能帮助学生掌握基本概念及理论，开拓解题思路，提高综合分析能力，巩固学习成果。

本练习题集是按照每周一个教学单元，每个教学单元一次练习的形式编排的，部分题目给出了参考提示，以便学生完成作业和教师批改作业。本书的编写得到了西南交通大学数学学院（特别是公共数学教学与研究部）的大力支持与帮助，在此一并致谢。

由于编者水平有限，书中难免有不足和疏漏之处，敬请同行和读者批评指正。

编 者

2020 年 7 月

目 录

第一章　复数与复变函数 ··· 001
　　练习一 ··· 001
　　练习二 ··· 005

第二章　解析函数 ··· 007
　　练习三 ··· 007
　　练习四 ··· 011

第三章　复变函数的积分 ··· 015
　　练习五 ··· 015
　　练习六 ··· 019
　　练习七 ··· 023

第四章　级　数 ·· 027
　　练习八 ··· 027
　　练习九 ··· 031

第五章　留　数 ·· 035
　　练习十 ··· 035
　　练习十一 ·· 039

第六章　共形映射 ··· 043
　　练习十二 ·· 043

第七章　傅里叶变换 ··· 047
　　练习十三 ·· 047
　　练习十四 ·· 051

第八章 拉普拉斯变换 ··· 055
　　练习十五 ··· 055
　　练习十六 ··· 059

复变函数与积分变换综合测试题一（期中） ··· 063

复变函数与积分变换综合测试题二（期中） ··· 067

复变函数与积分变换综合测试题三 ··· 069

复变函数与积分变换综合测试题四 ··· 073

复变函数与积分变换综合测试题五 ··· 077

复变函数与积分变换综合测试题六 ··· 081

复变函数与积分变换综合测试题七 ··· 085

参考答案 ··· 089

参考文献 ··· 109

第一章　复数与复变函数

练习一

一、判断题

1. 设复数 $z_1 = x_1 + iy_1$ 及 $z_2 = x_2 + iy_2$，若 $x_1 = x_2$ 或 $y_1 = y_2$，则称 z_1 与 z_2 是相等复数.
   （　　）

2. 当复数 $z = 0$ 时，其模为零，辐角也为零.　（　　）

3. 若 z_0 是多项式 $P(z) = a_n z^n + a_{n-1} z^{n-1} + \cdots + a_0$（$a_n \neq 0$）的根，则 $\overline{z_0}$ 也是 $P(z)$ 的根.
   （　　）

4. $3i < 5i$. 　（　　）

5. 仅存在一个数 z，使得 $\dfrac{1}{z} = -z$. 　（　　）

二、选择题

1. 下列复数中，位于第Ⅱ象限的复数是（　　）.
   A. $1+i$　　　　B. $1-i$　　　　C. $-1+i$　　　　D. $-1-i$

2. 下列等式中，对任意复数 z 都成立的等式是（　　）.
   A. $z \cdot \overline{z} = \text{Re}(z \cdot \overline{z})$　　　　B. $z \cdot \overline{z} = \text{Im}(z \cdot \overline{z})$
   C. $z \cdot \overline{z} = \arg(z \cdot \overline{z})$　　　　D. $z \cdot \overline{z} = |z|$

3. 当 $z = \dfrac{1+i}{1-i}$ 时，$z^{500} + z^{50} + z^5$ 的值等于（　　）.
   A. i　　　　B. $-i$　　　　C. 1　　　　D. -1

4. 设 $z = (1+i)^{500}$，则 $\text{Im} z$ 的值等于（　　）.
   A. 2^{250}　　　　B. -2^{250}　　　　C. 0　　　　D. -1

5. 设 $z = -\dfrac{1}{2}(-1+\sqrt{3}i)$，则 z 的主辐角为（　　）.
   A. $-\dfrac{\pi}{3}$　　　　B. $-\dfrac{2\pi}{3}$　　　　C. $\dfrac{2\pi}{3}$　　　　D. $-\dfrac{\pi}{6}$

三、填空题

1. 设 $z = -\left(\sin\dfrac{\pi}{3} + i\cos\dfrac{\pi}{3}\right)$，则 z 的三角表示式为_____.

2. 设 $z = x + iy \neq 0$，且 $-\pi < \arg z \leq \pi$，$-\dfrac{\pi}{2} < \arctan\dfrac{y}{x} < \dfrac{\pi}{2}$，当 $x < 0, y > 0$ 时，$\arg z = \arctan\dfrac{y}{x} +$ _____.

3. 若已知 $f(z) = x\left(1 + \dfrac{1}{x^2 + y^2}\right) + iy\left(1 - \dfrac{1}{x^2 + y^2}\right)$，则它关于变量 z 的表达式为_____.

4. 方程 $z^4 + a^4 = 0$ $(a > 0)$ 的不同的根为_____.

5. 公式 $e^{ix} = \cos x + i\sin x$ 称为_____.

四、计算题

1. 设 $z = (1 - i)^{500}$，求 $\mathrm{Im}\,z$, $\mathrm{Re}\,z$, $|z|$.

2. 当 $z = \dfrac{1 + i}{1 - i}$ 时，求 $z^{500} + z^{50} + z^5$ 的值.

3. 求 $-\sin\dfrac{\pi}{6} - i\cos\dfrac{\pi}{6}$ 的主辐角及模.

4. 解方程：$z^9+1=0$.

5. 设 $z=\dfrac{2+\mathrm{i}}{3-\mathrm{i}}$，求 $z+\bar{z}$ 和 $z-\bar{z}$.

6. 将复数 $1-\cos\varphi+\mathrm{i}\sin\varphi$ 化为指数形式（$\pi<\varphi<2\pi$）.

7. 解方程 $z^3+1+\mathrm{i}\sqrt{3}=0$.

8. 解方程 $z^4+z^2+1=0$.

五、证明题

1. 试证:分别以 z_1, z_2, z_3 及 w_1, w_2, w_3 为顶点的两个三角形相似的必要与充分条件是 $\begin{vmatrix} 1 & 1 & 1 \\ z_1 & z_2 & z_3 \\ w_1 & w_2 & w_3 \end{vmatrix} = 0$.

2. 求证:$(1+\cos\theta+i\sin\theta)^n = 2^n \cos^n \dfrac{\theta}{2} \left(\cos\dfrac{n\theta}{2} + i\sin\dfrac{n\theta}{2} \right)$.

3. 若 $|z|<1, |z_0|<1$,则有 $\left| \dfrac{z-z_0}{1-\overline{z_0}z} \right| < 1$.

班级_____　　姓名_____　　学号_____

练习二

一、选择题

1. 不等式 $-\dfrac{\pi}{4} < \arg z < \dfrac{\pi}{4}$ 所表示的区域为（　　　）.

   A. 角形区域　　　　B. 圆环内部　　　　C. 圆的内部　　　　D. 椭圆内部

2. 函数 $\omega = \dfrac{1}{z}$ 把 Z 平面上的单位圆周 $|z|=1$ 变成 W 平面上的（　　　）.

   A. 不过原点的直线　　B. 双曲线　　　　C. 椭圆　　　　D. 单位圆周

3. 方程 $\operatorname{Re} z^2 = 1$ 所表示的平面曲线为（　　　）.

   A. 圆　　　　　　　B. 直线　　　　　　C. 椭圆　　　　　　D. 双曲线

4. 满足不等式 $|z-2|+|z+2|>5$ 所有点 z 构成的集合是（　　　）.

   A. 单连通域　　　　B. 多连通域　　　　C. 有界闭区域　　　　D. 无界闭区域

二、填空题

1. 设函数 $f(z) = u(x,y) + \mathrm{i} v(x,y)$，$A = u_0 + \mathrm{i} v_0$，$z_0 = x_0 + \mathrm{i} y_0$，则 $\lim\limits_{z \to z_0} f(z) = A$ 的充要条件为_____.

2. 设 $|z-a|+|z+a|=b$，其中 a,b 为正常数，且 $b>2a$，则点 z 的轨迹曲线是_____.

3. 函数 $w=\dfrac{1}{z}$ 将 z 平面上的曲线 $(x-1)^2+y^2=1$ 变成 w 平面上的曲线_____.

4. 若 $z_n = \dfrac{n+2}{1-n} + i\left(1+\dfrac{1}{n}\right)^n$，则 $\lim\limits_{n \to +\infty} z_n =$ _____.

5. $\left|\dfrac{2z-1-\mathrm{i}}{2-(1-\mathrm{i})z}\right|=1$ 所表示曲线的直角坐标方程为_____.

6. 复数 $\dfrac{(\cos 3\theta + \mathrm{i}\sin 3\theta)^3}{(\cos 5\theta - \mathrm{i}\sin 5\theta)^2}$ 的指数表示式为_____.

三、计算题

解方程 $z^2 - 4\mathrm{i}z - (4-9\mathrm{i}) = 0$.

四、证明题

设 $f(z)=\dfrac{1}{2i}\left(\dfrac{z}{\bar{z}}-\dfrac{\bar{z}}{z}\right)$，（$z\neq 0$），证明 $z\to 0$ 时 $f(z)$ 的极限不存在.

五、解答题

1. 满足下列条件的点构成何种图形?这些图形是不是区域?若是区域请指出是单连通区域还是多连通区域.

（1）$\operatorname{Im}(z)=0$； （2）$-\pi<\operatorname{Im}(z)<\pi$； （3）$\dfrac{\pi}{3}\leqslant\arg z\leqslant\dfrac{2\pi}{3}$，且 $2<|z|<3$.

2. 函数 $f(z)=\begin{cases}\dfrac{\operatorname{Im} z}{|z|}, & z\neq 0 \\ 0, & z=0\end{cases}$ 在原点 $z=0$ 处是否连续？说明理由.

3. 讨论函数 $w=\arg z$ 在复平面上的连续性.

第二章 解析函数

练习三

一、判断题

1. 若函数 $f(z)$ 在区域 D 内解析,且 $f'(z) \equiv 0$,则 $f(z) \equiv C$(常数). (   )
2. 若函数 $f(z)$ 在 z_0 解析,则 $f(z)$ 在 z_0 处满足柯西-黎曼条件. (   )
3. 若函数 $f(z)$ 在 z_0 可导,则 $f(z)$ 在 z_0 解析. (   )
4. 若函数 $f(z)$ 在区域 D 内解析,则 $|f(z)|$ 也在 D 内解析. (   )
5. 若函数 $f(z)$ 在 z_0 解析,则 $f(z)$ 在 z_0 连续. (   )
6. 若函数 $f(z)$ 在 z_0 解析,则 $f(z)$ 在 z_0 的某个邻域内可导. (   )

二、填空题

1. 函数 $f(z) = \bar{z}$ 的不解析点的集为_____.
2. 函数 $f(z) = x^2 - y^2 - x + \mathrm{i}(2xy - y^2)$ 在复平面上可导的点集为_____.
3. 设 $f(z) = x^3 + y^3 + \mathrm{i} x^2 y^2$,则 $f'\left(-\dfrac{3}{2} + \dfrac{3}{2}\mathrm{i}\right) = $_____.
4. 设 $f(z) = \dfrac{1}{5} z^5 - (1+\mathrm{i})z$,则方程 $f'(z) = 0$ 的所有根为_____.

三、选择题

1. 下列函数中,不解析的函数是(   ).

   A. $w = z$　　　　B. $w = z^2$　　　　C. $w = \mathrm{e}^{\bar{z}}$　　　　D. $w = z + \cos z$

2. 下列函数中,解析的函数是(   ).

   A. $w = x^2 - y^2 - 2xy\mathrm{i}$　　　　B. $w = x^2 + xy\mathrm{i}$

   C. $w = 2(x-1)y + \mathrm{i}(-x^2 + y^2 + 2x)$　　　　D. $w = x^3 + \mathrm{i} y^3$

3. 若函数 $w = f(z)$ 在点 z_0(   ),则称 $f(z)$ 在点 z_0 解析.

A. 可导 B. 可微
C. 连续 D. 在 z_0 某邻域内可微

4. 设 $f(z) = x^2 + \mathrm{i} y^2$，则 $f'(1+\mathrm{i}) = $（　　）.
A. 2 B. 2i C. 1+i D. 2+2i

5. 函数 $f(z) = x^2 + 2xy - y^2 + \mathrm{i}(y^2 + axy - x^2)$ 在复平面上处处解析，则实常数 a 为（　　）.
A. 0 B. 1 C. 2 D. -2

6. 函数 $f(z) = z^2 \operatorname{Im}(z)$ 在 $z = 0$ 处的导数为（　　）.
A. 0 B. 1 C. -1 D. 不存在

四、证明题

1. 试用柯西-黎曼条件，证明 $z^2, \mathrm{e}^z, \sin z, \cos z$ 在复平面解析，$\bar{z}^2, \mathrm{e}^{\bar{z}}, \sin \bar{z}, \cos \bar{z}$ 不解析.

2. 如果函数 $f(z) = u + \mathrm{i}v$ 在区域 D 内解析，且满足条件 $8u + 9v = 2\,020$，证明 $f(z)$ 在 D 内必为常数.

3. 证明 $\bar{a}z + a\bar{z} + b = 0$ 的轨迹是一直线，其中 a 为复常数，b 为实常数.

五、解答题

1. 用导数的定义研究 $f(z) = z\,\mathrm{Re}(z)$ 的可导性，可导时求出其导数.

2. 函数 $f(z) = x^2 + \mathrm{i}y^2$ 在何处可导？何处解析？

3. 证明 $f(z) = x^3 + 3x^2 y\mathrm{i} - 3xy^2 - y^3\mathrm{i}$ 在全平面上解析，并求其导数.

4. 确定实常数 k，使得 $f(z) = \dfrac{(x+k) - \mathrm{i}y}{x^2 + y^2 + 2x + 1}$ 解析. $(z = x + \mathrm{i}y \neq -1)$

5. 求常数 a,b,c，使得 $f(z)=x+ay+\mathrm{i}(bx+cy)$ 解析.

6. 设 $f(z)=my^3+nx^2y+\mathrm{i}(x^3+lxy^2)$ 为复平面上的解析函数，试确定 l,m,n 的值.

班级＿＿＿＿＿　　姓名＿＿＿＿＿＿　　学号＿＿＿＿＿＿

练习四

一、判断题

1. $\cos z$ 与 $\sin z$ 在复平面内有界． （　　）
2. $\cos z$ 与 $\sin z$ 的周期均为 $2k\pi$（k 是非零整数）． （　　）
3. $\ln z^2 = 2\ln z$． （　　）
4. $\ln(z_1 z_2) = \ln z_1 + \ln z_2$． （　　）
5. 复指数函数 $w = e^z$ 不是周期函数． （　　）

二、填空题

1. 若 $\ln z = \dfrac{\pi}{2}\mathrm{i}$，则 $z = $＿＿＿＿＿＿＿＿＿＿．
2. $(1+\mathrm{i})^{\mathrm{i}} = $＿＿＿＿＿＿＿＿＿＿．
3. $f(z) = z\,\mathrm{Im}\,z - \mathrm{Re}\,z$ 在其可导处的导数为＿＿＿＿＿＿＿＿＿＿．
4. 复数 i^{i} 的模为＿＿＿＿＿＿＿＿＿＿．

三、选择题

1. 在复平面上，下列关于正弦函数 $\sin z$ 的命题中，错误的是（　　）．
   A. $\sin z$ 是周期函数　　　　B. $\sin z$ 是解析函数
   C. $|\sin z| \leqslant 1$　　　　D. $(\sin z)' = \cos z$

2. 在下列复数中，使得 $e^z = 2$ 成立的是（　　）．
   A. $z = 2$　　　　B. $z = \ln 2 + 2\pi\mathrm{i}$
   C. $z = \sqrt{2}$　　　　D. $z = \ln 2 + \pi\mathrm{i}$

3. 下列为实数的是（　　）．
   A. $\cos\mathrm{i}$　　B. $\ln\mathrm{i}$　　C. $(1-\mathrm{i})^3$　　D. $e^{3-\frac{\pi}{2}\mathrm{i}}$

4. 若函数在单位圆内 $f'(z) = 0$，且 $f(0) = -1$，则在单位圆内 $f(z) = $（　　）．
   A. 0　　　　B. 1　　　　C. -1　　　　D. 任意常数

四、计算题

1. 设 $z = x + y\mathrm{i}$,求 $|e^{\mathrm{i}-2z}|$.

2. 计算 $\ln(-3+4\mathrm{i})$,$(1+\mathrm{i})^{\mathrm{i}}$,$\cos \mathrm{i}$ 的值.

3. 计算 $e^{-1+\frac{\pi \mathrm{i}}{6}}$,$1^{\sqrt{2}}$,$\tan\left(\dfrac{\pi}{4}-\mathrm{i}\right)$ 的值.

4. 解方程 $e^{3z}+1-\sqrt{3}\,i=0$.

五、证明题

1. 求证函数 $f(z)=\sqrt{|xy|}$ 在 $z=0$ 满足柯西黎曼条件，但它在 $z=0$ 处没有导数.

2. 如果函数 $f(z)=u+iv$ 在区域 D 内解析，且满足条件 $\arg f(z)$ 在 D 内为常数，证明 $f(z)$ 在 D 内必为常数.

六、解答题

1. 设 $f(z) = \dfrac{z^2}{1-z^2} + 2\cos z$. （1）求 $f(z)$ 的解析区域；（2）求 $f'(z)$.

2. 指出函数 $f(z) = \dfrac{x+y}{x^2+y^2} + \mathrm{i}\dfrac{x-y}{x^2+y^2}$ 在什么区域内解析，并求出在该区域的导函数.

3. 函数 $f(z) = \bar{z} \cdot z^2$ 在何处可导？何处解析？并求出可导点的导数.

第三章 复变函数的积分

练习五

一、判断题

1. 若 $f(z)$ 在单连通区域 D 内解析，则对区域 D 内任一简单闭曲线 C 都有 $\int_C f(z)\mathrm{d}z = 0$. （　　）

2. 在复平面内，一般的复积分的值与积分路径的始点与终点有关，而与积分路径无关. （　　）

3. $\oint_{|z|=1} \dfrac{1}{z-3}\mathrm{d}z = 0$. （　　）

4. 若 $f(z)$ 在单连通区域 D 内解析，C 为 D 内一条简单闭曲线，则有 $\int_C \mathrm{Re}[f(z)]\mathrm{d}z = 0$. （　　）

二、选择题

1. 设 C 为正向圆周，$|z|=1$，则 $\oint_C \dfrac{1}{(z-1+\mathrm{i})^2}\mathrm{d}z$ 等于（　　）.

   A. 0　　　　B. $\dfrac{1}{2\pi \mathrm{i}}$　　　　C. $2\pi \mathrm{i}$　　　　D. $\pi \mathrm{i}$

2. 若 $f(z)$ 在单连通区域 D 内解析，C 为 D 内一条简单闭曲线，则必有（　　）.

   A. $\mathrm{Re}[\int_C f(z)\mathrm{d}z] = 0$　　　　B. $\int_C |f(z)|\mathrm{d}z = 0$

   C. $\int_C \mathrm{Im}[f(z)]\mathrm{d}z = 0$　　　　D. $\int_C \mathrm{Re}[f(z)]\mathrm{d}z = 0$

3. 设 C 是以原点为中心正向的上半单位圆，则 $\int_C |z|\mathrm{d}z = $（　　）.

   A. 0　　　　B. -2　　　　C. $2\mathrm{i}$　　　　D. $\pi \mathrm{i}$

三、填空题

1. $\oint_{|z|=1} |\frac{dz}{z}| = $ _____ .

2. $\oint_{|z|=1} \frac{dz}{z^{2020}+2} = $ _____ .

3. $\oint_{|z|=6} z \sin e^z \, dz = $ _____ .

4. $\oint_{|z-3|=1} \frac{dz}{(z-3)^{2020}} = $ _____ .

5. $\oint_{|z|=6} \text{Im}(z) \, dz = $ _____ .

四、计算题

1. 计算积分 $\int_C [(x-y) + ix^2] dz$. 积分路径 C 为① 自原点至 1+i 的直线段；② 自原点沿实轴至 1，再由 1 竖直向上至 1+i；③ 自原点沿虚轴至 i，再由 i 沿水平方向向右至 1+i.

2. 计算积分 $\int_C (x^2 + \mathrm{i}y)\mathrm{d}z$，其中 C 是沿 $y = x^2$ 由原点到点 $z = 1+\mathrm{i}$ 的曲线.

五、证明题

证明下列不等式 $\left| \int_{|z-1|=2} \dfrac{z+1}{z-1}\mathrm{d}z \right| \leqslant 8\pi$.

六、解答题

试用观察法确定下列积分的值，并说明理由（C 为 $|z|=1$）.

（1）$\oint_C \dfrac{1}{z^2+4z+4}dz$；（2）$\oint_C \dfrac{1}{\cos z}dz$；（3）$\oint_C \dfrac{1}{z-5}dz$.

班级_____ 姓名_____ 学号_____

练习六

一、选择题

1. 若 $f(z)$ 在 D 内解析，$\Phi(z)$ 为 $f(z)$ 的一个原函数，则（　　）.
   A. $f'(z)=\Phi(z)$ 　　B. $f''(z)=\Phi(z)$
   C. $\Phi'(z)=f(z)$ 　　D. $\Phi''(z)=f(z)$

2. 设 C 为正向圆周 $|z|=1$，$f(z)=$（　　），则 $\oint_C f(z)\mathrm{d}z\neq 0$.
   A. $\dfrac{1}{\cos z}$ 　B. $\dfrac{\mathrm{e}^{2z}}{z^2+5z+6}$ 　C. $z^2\cos z^3$ 　D. $\dfrac{1}{7z-1}$

3. 如果正方向曲线 C 为（　　），则 $\oint_C \dfrac{1}{2z-7}\mathrm{d}z=\pi\mathrm{i}$.
   A. $|z|=1$ 　B. $|z|=2$ 　C. $|z|=3$ 　D. $|z|=4$

二、填空题

1. $\int_0^{\frac{\pi}{4}} z\cos z\mathrm{d}z=$ _____. 　　2. $\int_1^{1+\mathrm{i}} z\mathrm{e}^z\mathrm{d}z=$ _____.

3. $\oint_{|z|=3}\dfrac{\mathrm{d}z}{z^2-1}=$ _____. 　　4. $\oint_{|z|=3}\dfrac{|z|\mathrm{d}z}{z-1}=$ _____.

三、计算题

1. 计算复积分 $\oint_C \dfrac{1}{z(z-1)}\mathrm{d}z$，其中 C 为不经过点 0，1 的正向简单闭曲线.

2. 计算积分 $I = \oint_{|z|=1}(|z| + z^3 \sin z)\mathrm{d}z$

3. 计算 $\oint_{|z|=3} \dfrac{\bar{z}}{|z|}\mathrm{d}z$.

4. 计算积分 $\oint_C \dfrac{3z+2}{z^4-1}\mathrm{d}z$，$C$ 为 $|z-(1+\mathrm{i})|=\sqrt{2}$.

5. 计算积分 $\oint_{|z|=2}(e^{z+1}\sin z+\dfrac{z}{(9-z^2)(z+\mathrm{i})})\mathrm{d}z$.

6. 计算积分 $\oint_{|z|=\rho}\dfrac{|\mathrm{d}z|}{|z-a|^2}$，其中 $|a|>\rho>0$.

四、解答题

1. 设 $f(z)=\int_C\dfrac{3\lambda^2+7\lambda+1}{\lambda-z}\mathrm{d}\lambda$，其中 $C=\{\lambda:|\lambda|=\sqrt{3}\}$，试求 $f'(1+\mathrm{i}),f'(2)$.

2. 沿指定曲线的正向计算积分 $\oint_C \dfrac{\sin\frac{\pi}{4}z}{z^2-1}dz$，其中

   （1）$|z+1|=\dfrac{1}{2}$，（2）$|z-1|=\dfrac{1}{2}$，（3）$|z|=2$.

3. 计算积分 $\oint_C \dfrac{e^z}{z}dz$，其中 C 为 $|z|=1$ 取正向，从而证明 $\int_0^\pi e^{\cos\theta}\cos(\sin\theta)d\theta=\pi$.

4. 对什么样的简单闭曲线 C，有 $\oint_C \dfrac{1}{z^2+z+1}dz=0$？

班级_____　　姓名_____　　学号_____

练习七

一、判断题

1. 如果函数 $f(z)$ 在 $D=\{z:|z|\leqslant 1\}$ 上解析，且 $|f(z)|\leqslant 1,(|z|=1)$，则 $|f(z)|\leqslant 1,(|z|\leqslant 1)$. （　　）

2. 若函数 $f(z)$ 是单连通区域 D 内的解析函数，则它在 D 内有任意阶导数. （　　）

3. 若函数 $f'(z)$ 在区域 D 内处处为 0，则 $f(z)$ 在区域 D 内恒等于常数. （　　）

4. 在复平面有界的解析函数一定是一个常数. （　　）

5. 存在以 x^2+y^2 为实部的解析函数. （　　）

二、填空题

1. 若 C 是单位圆周，n 是自然数，则 $\int_C \dfrac{1}{(z-z_0)^n}\mathrm{d}z=$ _____.

2. 设 C 为正向圆周 $|z|=3$，则 $\oint_C \dfrac{z+3\bar{z}}{|z|}\mathrm{d}z=$ _____.

3. 沿指定曲线正向的积分 $\oint_{|z|=2}\dfrac{z^{20}-z^4+1}{(z-\mathrm{i})^{2020}}\mathrm{d}z=$ _____.

4. 设 $f(z)=\oint_{|\xi|=2}\dfrac{\sin\xi}{(\xi-z)^5}\mathrm{d}\xi$，其中 $|z|>2$，则 $f'(z)=$ _____.

三、计算题

1. 计算积分 $I=\oint_{|z|=2}\dfrac{|z|}{(z^2+1)^2}\mathrm{d}z$.

2. 计算积分 $I = \oint_{|z|=1} \dfrac{\sin z}{(z-2)^3} \mathrm{d}z$.

3. 计算积分（1）$\oint_{|z|=3} \dfrac{\mathrm{e}^z}{(z+2)^3 z} \mathrm{d}z$;（2）$\oint_{|z|=0.5} \dfrac{\mathrm{e}^z}{(z+2)^3 z} \mathrm{d}z$;（3）$\oint_{|z-3|=0.5} \dfrac{\mathrm{e}^z}{(z+2)^3 z} \mathrm{d}z$.

4. 计算积分（1）$\oint_{|z-1|=1} \dfrac{z^2}{z^4-1} \mathrm{d}z$;（2）$\oint_{|z+\mathrm{i}|=1} \dfrac{z^2}{z^4-1} \mathrm{d}z$;（3）$\oint_{|z-\mathrm{i}|=0.5} \dfrac{z^2}{z^4-1} \mathrm{d}z$.

5. 计算积分（1）$\oint_{|z|=2} \dfrac{5z-2}{z(z-1)^2} \mathrm{d}z$;（2）$\oint_{|z|=4} \dfrac{\sin^2 z}{z^2(z-1)} \mathrm{d}z$;（3）$\oint_{|z|=3} \dfrac{z^2}{z^4-1} \mathrm{d}z$.

四、解答题

1. 设 C 表示曲线 $|z|=2$，且 $f(z)=\oint_C \dfrac{\sin\xi}{(\xi-z)^3}\mathrm{d}\xi$，计算 $f(\mathrm{i})$，$f(1+6\mathrm{i})$ 的值.

2. 设 $u=\mathrm{e}^x(x\cos y-y\sin y)$，$f(0)=0$，求解析函数 $f(z)=u+\mathrm{i}v$.

3. 设 $u=x^2-y^2+xy$，验证 u 是调和函数，并求解析函数 $f(z)=u+\mathrm{i}v$，使 $f(\mathrm{i})=-1+\mathrm{i}$.

4. 设 $u(x,y)=\ln(x^2+y^2)$，求 $v(x,y)$，使得 $f(z)=u(x,y)+\mathrm{i}v(x,y)$ 为解析函数，且满足 $f(1+\mathrm{i})=\ln 2$. 其中，$z\in D$（D 为复平面内的区域）.

5. 求积分 $\oint_{|z|=1}\dfrac{1}{z+2}\mathrm{d}z$，并证明 $\int_0^\pi \dfrac{1+2\cos\theta}{5+4\cos\theta}\mathrm{d}\theta=0$.

五、证明题

设 $f(z)$ 在 $|z|\leqslant 1$ 解析，且在 $|z|=1$ 上有 $|f(z)-z|\leqslant |z|$，试证：$\left|f'\left(\dfrac{1}{2}\right)\right|\leqslant 8$.

第四章 级 数

练习八

一、判断题

1. 若函数 $f(z)$ 在 z_0 处解析，则它在该点的某个邻域内可以展开为幂级数．（　　）

2. 若幂级数的收敛半径大于 0，则其和函数必在收敛圆内解析．（　　）

3. 在收敛圆上既有级数的收敛点，也有级数的发散点．（　　）

4. 若 $\lim\limits_{n\to\infty} z_n \neq 0$，则复数项级数 $\sum\limits_{n=0}^{\infty} z_n$ 发散．（　　）

二、选择题

1. 下列级数中，绝对收敛的是（　　）．

A. $\sum\limits_{n=1}^{\infty} \dfrac{1}{n}(1+\dfrac{i}{2n})$　　B. $\sum\limits_{n=1}^{\infty} \dfrac{i^n}{\ln n}$　　C. $\sum\limits_{n=1}^{\infty} (\dfrac{(-1)^n}{n}+\dfrac{i}{5^n})$　　D. $\sum\limits_{n=1}^{\infty} \dfrac{(2i)^n}{n!}$

2. 对于复数项级数 $\sum\limits_{n=0}^{\infty} \dfrac{(3+4i)^n}{6^n}$，以下命题正确的是（　　）．

A. 级数是条件收敛的　　　　　　B. 级数是绝对收敛的

C. 级数的和为 ∞　　　　　　　　D. 级数的和不存在，也不为 ∞

3. 级数 $\sum\limits_{n=0}^{\infty} (-i)^n$ 的和为（　　）．

A. 0　　　　　　B. 不存在　　　　　　C. i　　　　　　D. -i

4. 对于幂级数，下列命题正确的是（　　）．

A. 在收敛圆内，幂级数条件收敛

B. 在收敛圆内，幂级数绝对收敛

C. 在收敛圆周上，幂级数必处处收敛

D. 在收敛圆周上，幂级数必处处发散

三、填空题

1. 函数 $f(z)=\dfrac{1}{1+z^2}$ 的幂级数展开式为 _____.

2. 级数 $1+z^2+z^4+z^6+\cdots$ 的收敛半径为 _____.

3. 级数 $\sum\limits_{n=0}^{\infty}[2+(-1)^n]z^n$ 的收敛半径为 _____.

4. 幂级数 $\sum\limits_{n=0}^{+\infty}nz^n$ 的和函数为 _____.

5. $\sum\limits_{n=0}^{+\infty}nz^n$ 的收敛半径为 _____.

四、解答题

1. 下列级数是否收敛？是否绝对收敛？

（1）$\sum\limits_{n=1}^{\infty}\dfrac{\mathrm{i}^n}{n!}$；（2）$\sum\limits_{n=1}^{\infty}(1+\mathrm{i})^n$.

2. 试确定下列幂级数的收敛半径.

（1）$\sum\limits_{n=1}^{\infty}\mathrm{i}\dfrac{z^{2n-1}}{9^n}$；（2）$\sum\limits_{n=1}^{\infty}\left(1+\dfrac{1}{n}\right)^{n^2}z^{2n}$；（3）$\sum\limits_{n=1}^{\infty}\dfrac{(-1)^n}{n!}z^n$.

3. 求下列子数在指定点 z_0 处的泰勒展式.

（1）$\dfrac{1}{z^2}, z_0 = 1$ ；（2）$\dfrac{1}{4-3z}, z_0 = 1+\mathrm{i}$.

4. 将下列各函数展开为 z 的幂级数，并指出其收敛区域.

（1）$\dfrac{1}{1+z^3}$ ；（2）$\dfrac{1}{(z-a)(z-b)}, (a \neq 0, b \neq 0)$ ；（3）$\dfrac{1}{(1+z^2)^2}$.

5. 将函数 $f(z) = \dfrac{4z^2+30z+68}{(z+4)^2(z-2)}$ 展开为 z 的幂级数.

6. 将函数 $f(z)=\dfrac{z}{e^z-1}$ 展开为 z 的幂级数（求出前 4 项即可）．

7. 设 u 及 v 是解析函数 $f(z)$ 的实部及虚部，且 $z=x+iy$，$u-v=(x+y)(x^2-4xy+y^2)$，求 $f(z)$．

五、证明题

设级数 $\sum\limits_{n=0}^{\infty}2^n c_n$ 收敛，而 $\sum\limits_{n=0}^{\infty}2^n|c_n|$ 发散，证明 $\sum\limits_{n=0}^{\infty}c_n z^n$ 的收敛半径为 2．

班级_____ 姓名_____ 学号_____

练习九

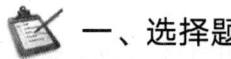 一、选择题

1. 幂级数 $\sum_{n=0}^{\infty}(1+\sqrt{3}i)^n z^{2n}$ 的收敛半径是（   ）.

   A. $\sqrt{2}$ B. $\dfrac{\sqrt{2}}{2}$ C. 2   D. 0.5

2. 洛朗级数 $\sum_{n=-\infty}^{\infty} 2^{-|n|}(z-3)^n$ 的收敛域是（   ）.

   A. $|z-3|<2$ B. $2<|z-3|<+\infty$

   C. $2<|z-3|<3$ D. $0.5<|z-3|<2$

3. 洛朗级数 $\sum_{n=1}^{\infty} 2^n(z-3)^{-n} + \sum_{n=0}^{\infty}(-1)^n \left(1-\dfrac{z}{3}\right)^n$ 的收敛域是（   ）.

   A. $\dfrac{1}{3}<|z-3|<\dfrac{1}{2}$ B. $0<|z-3|<2$

   C. $0.5<|z-3|<2$ D. $2<|z-3|<3$

4. 洛朗级数 $\sum_{n=-\infty}^{\infty} z^n$ 的收敛域是（   ）.

   A. 空集   B. $1<|z|<+\infty$

   C. $0<|z|<1$ D. $0.5<|z|<1$

5. 设 $f(z)$ 洛朗在圆环域 $D=\{z\,|\,R_1<|z-z_0|<R_2\}$ 内解析，它在 D 内的洛朗级数为 $f(z)=\sum_{n=-\infty}^{\infty} a_n(z-z_0)^n$，其中 C 是 D 内绕 z_0 的任何一条正向简单闭曲线，则 $\oint_C \dfrac{f(z)}{(z-z_0)^3}\mathrm{d}z=$（   ）.

   A. $2\pi i a_2$ B. $2\pi i a_1$

   C. $2\pi i a_{-1}$ D. $2\pi i \dfrac{f''(z_0)}{2!}$

6. 设幂级数 $f(z)=\sum_{n=0}^{\infty} a_n(z-1)^n$ 在点 $z=3$ 收敛而在 $z=1+2i$ 发散，则它的收敛半径为（   ）.

   A. 2   B. $+\infty$ C. 3   D. 0

二、填空题

1. 函数 $f(z)=\dfrac{z^2+1}{z(z-1)}$ 在奇点 $z=0$ 附近的罗朗级数的收敛圆环域为_____.

2. 洛朗级数 $\sum\limits_{n=1}^{\infty}(z-2)^{-n}+\sum\limits_{n=0}^{\infty}(-1)^n\left(1-\dfrac{z}{2}\right)^n$ 的收敛圆环为_____,和函数为_____.

3. 设 C 是单位圆周 $|z|=1$ 内绕原点的任何一条正向简单闭曲线,$\sum\limits_{n=0}^{\infty}a_n z^n$ 收敛半径大于 1,则 $\oint_C \sum\limits_{n=-2}^{\infty}a_n z^n \mathrm{d}z=$_____.

三、计算题

1. 计算积分 $\oint_{|z|=2}\dfrac{z\mathrm{e}^{\frac{1}{z}}}{z-1}\mathrm{d}z$.

2. 计算积分 $\oint_{|z|=1.5}\dfrac{z^2-2z+5}{(z-2)(z^2+1)}\mathrm{d}z$

四、解答题

1. 将下列各函数在指定圆环内展开为洛朗级数.

（1） $\dfrac{z+1}{z^2(z-1)}$, $0<|z|<1, 1<|z|<+\infty$；（2） $z^2 e^{\frac{1}{z}}$, $0<|z|<+\infty$.

2. 将 $f(z)=\dfrac{1}{z^2-3z+2}$ 在 $z=1$ 处展开为洛朗级数.

3. 求 $f(z)=\dfrac{1}{1-z}e^z$ 在区域（1）$|z|<1$，（2）$0<|z-1|<+\infty$ 展开成洛朗级数.

4. 将 $f(z)=\dfrac{z^2-2z+5}{(z-2)(z^2+1)}$ 在 $1<|z|<2$ 处展开为洛朗级数.

5. 将 $f(z)=\dfrac{1}{(z^2+1)^2}$ 在 $z=\mathrm{i}$ 的去心邻域内展开为洛朗级数.

6. 将 $f(z)=\dfrac{4z-1}{z^4-1}$ 在（1）$|z|<1$，（2）$1<|z|<\infty$ 处展开为洛朗级数.

第五章 留 数

练习十

一、判断题

1. z_0 是 $f(z)$ 的奇点，若 $\lim\limits_{z \to z_0} f(z)$ 存在且有限，则 z_0 是 $f(z)$ 的可去奇点． （   ）

2. 如果 z_0 是 $f(z)$ 的本性奇点，则 $\lim\limits_{z \to z_0} f(z)$ 一定不存在． （   ）

3. 如果 z_0 是 $f(z)$ 的极点，则 $\lim\limits_{z \to z_0} f(z)$ 一定存在且等于无穷大． （   ）

4. 若 z_0 是 $f(z)$ 的 m 阶零点，则 z_0 是 $\dfrac{1}{f(z)}$ 的 m 阶极点． （   ）

5. π 是 $\dfrac{\cos z}{(z-\pi)^2}$ 的二阶极点． （   ）

二、选择题

1. $z = 0$ 是函数 $\dfrac{\sin z^2}{z}$ 的（   ）．

   A. 本性奇点　　　　　　　　　　B. 极点
   C. 连续点　　　　　　　　　　　D. 可去奇点

2. $\sin \dfrac{1}{z}$ 在点 $z = 0$ 处的留数为（   ）．

   A. -1　　　　B. 0　　　　C. 1　　　　D. 2

3. 函数 $f(z) = \dfrac{\cot(\pi z)}{2z - 3}$ 在 $|z - \mathrm{i}| = 2$ 内的奇点个数为（   ）．

   A. 3　　　　B. 4　　　　C. 1　　　　D. 2

4. $z = 1$ 是函数 $f(z) = \mathrm{e}^{\frac{1}{1-z}}$ 的（   ）．

   A. 本性奇点　　　　　　　　　　B. 极点
   C. 连续点　　　　　　　　　　　D. 可去奇点

三、填空题

1. 设 C 为正向圆周 $\left|z-\dfrac{\pi}{4}\mathrm{i}\right|=1$,则积分 $\oint_C \dfrac{1}{\cos z}\mathrm{d}z=$ _____.

2. $\dfrac{1}{(z-1)^{2020}}$ 在点 $z=1$ 处的留数为 _____.

3. 设 $f(z)=\mathrm{e}^{\frac{1}{z^2}}$,则 $f(z)$ 在 $z=0$ 处的留数为 _____.

4. 设 $f(z)=z^2(\mathrm{e}^{z^2}-1)$,则 $z=0$ 是 $f(z)$ 的 _____ 阶零点.

5. 设 a 为函数 $f(z)=\dfrac{\phi(z)}{\psi(z)}$ 的一阶极点,且 $\phi(a)\neq 0, \psi(a)=0, \psi'(a)\neq 0$,则 $\mathrm{Re}s[f(z),a]=$ _____.

四、计算题

1. 计算积分 $\displaystyle\oint_{|z-1|=1} \cos\dfrac{1}{1-z}\mathrm{d}z$.

2. 计算积分 $\displaystyle\oint_C \dfrac{2\mathrm{i}z-\cos z}{z^3+z}\mathrm{d}z$,其中 C 为不经过被积函数奇点的任意一条正向简单闭曲线.

3. 求出下列函数在孤立奇点处的留数

（1） $z^2\sin\dfrac{1}{z}$ ；（2） $\dfrac{z-\sin z}{z^6}$.

4. 求函数 $f(z)=\sin\dfrac{z}{z+1}$ 在有限奇点的留数.

5. 求函数 $f(z)=e^{z+\frac{1}{z}}$ 在有限奇点的留数.

五、解答题

1. 下列各函数有哪些奇点？各属何类型（如是极点，指出它的阶数）.

（1）$\dfrac{1}{z^2(e^z-1)}$；（2）$\dfrac{e^z-1}{\sin^2 z}$；（3）$\dfrac{1}{e^z-1}-\dfrac{1}{z}$.

2. 求出函数 $f(z)=\dfrac{z^2-1}{z^4(e^z-1)}$ 的奇点，指出类型，如果是极点，指出它的极.

六、证明题

若 $f(z)$ 以 z_0 为一级极点，证明 $\mathrm{Res}[f'(z),z_0]=0$.

班级_____ 姓名_____ 学号_____

练习十一

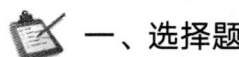 一、选择题

1. 积分 $\oint_{|z|=1} z^2 \cos \dfrac{1}{z} \mathrm{d}z = ($ 　　$)$.

A. 0 　　　B. $-\dfrac{1}{6}$ 　　　C. $-\dfrac{\pi \mathrm{i}}{3}$ 　　　D. $-\pi \mathrm{i}$

2. 设 $z=a$ 为解析函数 $f(z)$ 的 m 级极点，那么 $\mathrm{Res}\left[\dfrac{f'(z)}{f(z)}, a\right] = ($ 　　$)$.

A. m 　　　B. $-m$ 　　　C. $m-1$ 　　　D. $-(m-1)$

3. $z=0$ 是函数 $f(z) = \dfrac{1}{z - \sin z}$ 的极点的阶数为（　　）.

A. 3 　　　B. 4 　　　C. 1 　　　D. 2

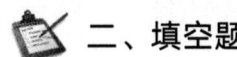 二、填空题

1. 设 $f(z) = z^2 \sin \dfrac{1}{z}$，则 $f(z)$ 在 $z=0$ 处的留数为_____.

2. $\mathrm{Res}\left(\dfrac{\mathrm{e}^z}{z^n}, 0\right) = $_____，其中 n 为自然数.

3. 设 $f(z) = \dfrac{\mathrm{e}^{-z}}{z^2}$，则 $f(z)$ 在 $z=0$ 处的留数为_____.

4. 设 $f(z) = \dfrac{1}{z^2} + \dfrac{1}{z^3}$，则 $z=0$ 是 $f(z)$ 的_____阶极点.

三、计算题

1. 利用留数计算下列积分.

（1）$\oint_{|z|=1} \dfrac{\mathrm{d}z}{z \sin z}$；　　　　（2）$\oint_{|z|=\frac{3}{2}} \dfrac{\mathrm{e}^z}{(z-1)(z+3)^2} \mathrm{d}z$；

（3）$\oint_{|z|=1} \dfrac{z\sin z}{(e^z-1)^3} dz$.

（4）$\oint_{|z|=\pi} \dfrac{z}{1+z} e^{\frac{2}{z+1}} dz$

2. 计算积分 $\oint_{|z|=2} \dfrac{z^2}{1+z} e^{\frac{1}{z}} dz$.

3. 计算积分 $\int_0^{2\pi} \dfrac{d\theta}{a+\cos\theta}$, $(a>1)$.

4. 计算积分 $\int_{-\infty}^{+\infty} \dfrac{x^2-x+2}{x^4+10x^2+9}dx$.

5. 计算积分 $\int_{-\infty}^{+\infty} \dfrac{\cos x}{x^2+4x+5}dx$.

6. 计算积分 $\int_{0}^{+\infty} \dfrac{x^2}{x^4+1}dx$.

7. 计算积分 $\oint_{|z|=4} \dfrac{z^{19}}{(z^2+1)^4(z^4+2)^3} \mathrm{d}z$.

四、解答题

应用儒歇定理，求下列方程在 $|z|<1$ 内根的个数.

（1）$z^8-4z^5+z^2-1=0$；

（2）$z^9-2z^6+z^2-8z-2=0$；

（3）$2z^5-z^3+3z+8=0$；

（4）$z^7-5z^4+z^2-2=0$.

第六章 共形映射

练习十二

一、填空题

1. 将点 2,i,-2 分别映射成点 -1,i,1 的分式线性映射是_____.

2. 分式线性映射 $f(z)=\dfrac{z-i}{z+i}$ 在 $z=i$ 处的旋转角为_____，伸缩率为_____.

3. 函数 $f(z)=\dfrac{e^z-i}{e^z+i}$ 将带形域 $0<\text{Im}\,z<\pi$ 映成（区域）_____.

4. 把单位圆 $|z|<1$ 映射成单位圆 $|w|<1$ 且 $L(\dfrac{1}{2})=0$，$\arg L'(\dfrac{1}{2})=0$ 的分式线性映射是_____.

5. 点 $2-i$ 关于圆周 $|z-i|=3$ 的对称点是_____.

二、选择题

1. 映射 $w=z^2+2z$ 在下列区域中每一点的 $z=i$ 处的伸缩率大于 2 的是（　　　）.
   A. $|z|<1$　　　　　　　　B. $|z+1|<1$
   C. $|z|>1$　　　　　　　　D. $|z+1|>1$

2. 将点 ∞, 0, 1 分别映射成点 0, 1, ∞ 的分式线性映射是（　　　）.
   A. $w=\dfrac{z}{z-1}$　　　　　　　B. $w=\dfrac{z}{1-z}$
   C. $w=\dfrac{1-z}{z}$　　　　　　　D. $w=\dfrac{1}{1-z}$

3. 函数 $f(z)=\dfrac{z^3-i}{z^3+i}$ 将角形域 $0<\arg z<\dfrac{\pi}{3}$ 映射为（　　　）.
   A. $|w|<1$　　　　　　　　B. $\text{Im}\,w<0$
   C. $|w|>1$　　　　　　　　D. $\text{Im}\,w>0$

4. 将上半平面 $\operatorname{Im} z > 0$ 映射成圆域 $|w| < 2$，且满足 $w(i)=0, w'(i)=1$ 的分式线性映射是（　　）.

   A. $w = \dfrac{2(z-i)}{z-i}$

   B. $w = -\dfrac{2(z-i)}{z-i}$

   C. $w = \dfrac{2i(z-i)}{z-i}$

   D. $w = -\dfrac{2i(z-i)}{z-i}$

三、解答题

1. 试求将顶点在 0，1，i 的三角形内部映射为顶点在 0，2，1+i 的三角形内部的分式线性映射.

2. 试求映射 $w = z^3$ 在 $z_0 = 1+i$ 处的旋转角与伸缩率.

3. 在映射 $w = \dfrac{1}{z}$ 下，求 $(x-1)^2 + y^2 = 1$ 曲线的像曲线.

4. 映射 $w = z^2$ 把上半单位圆域 $\{z : |z| < 1, \operatorname{Im} z > 0\}$ 映射成什么区域？

5. 求将上半 z 平面保形映射成单位圆的分式线性映射 $w = L(z)$，使得 $L(\mathrm{i}) = 0, L(-1) = 1$．

6. 求分式线性映射 $w = f(z)$，使上半平面映射为单位圆内部并满足条件：$f(\mathrm{i}) = 0, \arg f'(\mathrm{i}) = 0$．

7. 求一共形映射，将角形域 $D = \{z : 0 < \arg z < \dfrac{4}{5}\pi\}$ 变为单位圆内部 $|w| < 1$.

8. 求一共形映射，使区域 $D = \{z : \operatorname{Im} z > 0, |z| < 1\}$ 映射为单位圆内部.

9. 求把第一象限映射成上半平面的保角映射，使 $z = \sqrt{2}\,\mathrm{i}, 0, 1$ 映射成 $w = 0, \infty, -1$.

第七章 傅里叶变换

练习十三

一、填空题

1. $\int_{-\infty}^{+\infty} \delta(3t-1)f(t)\mathrm{d}t = $ _____.

2. $\int_{-\infty}^{+\infty} \mathrm{e}^{\mathrm{j}\omega t}\mathrm{d}\omega = $ _____.

3. $F(\omega) = 2\sin 5\omega$ 的傅里叶逆变换 $f(t) = $ _____.

4. $F(\omega) = \dfrac{1}{(4+\mathrm{j}\omega)(5+\mathrm{j}\omega)}$ 的傅里叶逆变换 $f(t) = $ _____.

5. 已知 $f(t)$ 的傅里叶变换为 $F(\omega)$，则 $f(2t-5)$ 的傅里叶变换为 _____.

二、选择题

1. 设 $f(t) = \mathrm{e}^{-2|t|}$，则 $f(t)$ 的傅里叶变换为（ ）.

   A. $\dfrac{2\omega}{4+\omega^2}$ B. $\dfrac{4}{4+\omega^2}$ C. $\dfrac{2\omega}{4-\omega^2}$ D. $\dfrac{4}{4-\omega^2}$

2. 积分 $\int_{-\infty}^{+\infty} 2(\tau^3+4)\delta(1-\tau)\mathrm{d}\tau = $（ ）.

   A. 6   B. 8   C. -10   D. 10

3. 设 $F(\omega) = 2\pi\delta(\omega-1)$，则 $F^{-1}[F(\omega)]$ 为（ ）.

   A. 1   B. $\delta(t-1)$ C. $\mathrm{e}^{\mathrm{j}t}$ D. $\mathrm{e}^{-\mathrm{j}t}$

4. 已知 $f(t)$ 傅里叶变换为 $F(\omega)$，则 $(t-1)f(t)$ 的傅里叶变换为（ ）.

   A. $F'(\omega) - F(\omega)$ B. $-F'(\omega) - F(\omega)$
   C. $\mathrm{j}F'(\omega) - F(\omega)$ D. $-\mathrm{j}F'(\omega) - F(\omega)$

5. 已知 $f(t)$ 傅里叶变换为 $F(\omega)$，则 $2\sin 3t f(t)$ 的傅里叶变换为（ ）.

   A. $F(\omega+3) - F(\omega-3)$ B. $F(\omega+3) + F(\omega-3)$
   C. $\mathrm{j}[F(\omega+3) - F(\omega-3)]$ D. $\mathrm{j}[F(\omega+3) + F(\omega-3)]$

三、解答题

1. 求函数 $f(t)=\begin{cases}-1, & -1<t<0,\\ 1, & 0<t<1,\\ 0, & \text{其他}\end{cases}$ 的傅里叶变换.

2. 求 $f(t)=\mathrm{e}^{-|t|}$ 的傅里叶变换并证明 $\int_0^{+\infty}\dfrac{\cos\omega t}{1+\omega^2}\mathrm{d}\omega=\dfrac{\pi}{2}\mathrm{e}^{-|t|}$.

3. 求函数 $f(t)=\delta(t-2)\,\mathrm{e}^t+\sin\left(3t+\dfrac{\pi}{3}\right)$ 的傅里叶变换.

4. 求函数 $f(t) = e^{it}\delta(t-3)\sin(t+1)$ 的傅里叶变换.

5. 求函数 $f(t) = 1 + \delta(t+1) + \delta''(t+1)$ 的傅里叶变换.

6. 利用能量积分公式计算积分 $\int_{-\infty}^{+\infty} \dfrac{\sin^4 t}{t^2} dt$.

7. 求函数 $f(t)=t\cos t$ 的傅里叶变换.

8. 已知某函数的傅里叶变换为 $F(\omega)=\dfrac{\sin\omega}{\omega}$，求该函数 $f(t)$.

9. 求函数 $f(t)=te^{-t^2}$ 的傅里叶变换，并证明 $\displaystyle\int_0^{+\infty}\omega e^{-\frac{\omega^2}{4}}\sin\omega t\,d\omega=2\sqrt{\pi}te^{-t^2}$.

班级_____ 姓名_____ 学号_____

练习十四

一、设 $f(t) = \begin{cases} e^{-t}, & 0 < t \\ 0, & 其他 \end{cases}$，$g(t) = \begin{cases} \sin t, & 0 < t < \dfrac{\pi}{2} \\ 0, & 其他 \end{cases}$，求 $f(t) * g(t)$.

二、设 $f(t) = \begin{cases} \dfrac{1}{2} t, & 0 < t < 2 \\ 0, & 其他 \end{cases}$，$g(t) = \begin{cases} 1, & -1 < t < 1 \\ 0, & 其他 \end{cases}$，求 $f(t) * g(t)$.

三、求函数 $f(t) = u(t) \sin t$ 的傅里叶变换.

四、求函数 $f(t) = e^{-\beta t} u(t) \cos \omega_0 t$ $(\beta > 0)$ 的傅里叶变换.

五、用傅里叶变换求解微分方程 $2x'(t) + x(t) = \delta(t), -\infty < t < +\infty$.

六、求解积分方程 $y(t) = f(t) - \int_{-\infty}^{+\infty} y(s) g(t-s) \mathrm{d}s$，其中 $f(t), g(t)$ 为已知函数.

七、求解积分方程 $\int_{-\infty}^{+\infty} \dfrac{y(s)}{(t-s)^2+a^2} \mathrm{d}s = \dfrac{1}{t^2+b^2}$, $(0<a<b)$.

八、求解积分方程 $x'(t) - 4\int_{-\infty}^{t} x(s)\mathrm{d}s = \mathrm{e}^{-|t|}$.

九、求常系数非齐次线性微分方程 $y''(t) - y(t) = -f(t)$ 的解,其中 $f(t)$ 为已知函数.

十、求解偏微分方程 $\begin{cases} \dfrac{\partial^2 u}{\partial t^2} = \dfrac{\partial^2 u}{\partial x^2} + t\sin x, & -\infty < x < \infty, t > 0 \\ u(x,0) = 0, & -\infty < x < \infty \\ \dfrac{\partial u(x,0)}{\partial t} = \sin x, & -\infty < x < \infty \end{cases}$

十一、求解偏微分方程 $\begin{cases} \dfrac{\partial^2 u}{\partial t^2} = \dfrac{\partial^2 u}{\partial x^2}, & x \in \mathbf{R}, t > 0 \\ u(x,0) = \cos x, & x \in \mathbf{R} \\ \dfrac{\partial u(x,0)}{\partial t} = \sin x, & -\infty < x < \infty \end{cases}$

第八章　拉普拉斯变换

练习十五

一、填空题

1. $\int_0^{+\infty} e^{-4t}\cos t\, dt = $ _____ .

2. 设 $f(t) = u(3t-6)$, 则 $f(t)$ 的拉普拉斯变换为 _____ .

3. 设 $f(t) = (t-1)^2 e^t$, 则 $f(t)$ 的拉普拉斯变换为 _____ .

4. $\int_0^t s e^s\, ds$ 的拉普拉斯变换为 _____ .

二、选择题

1. 设 $f(t) = e^{-2t}\cos 3t$, 则 $f(t)$ 的拉普拉斯变换为（　　）.

   A. $\dfrac{3}{9+(s+2)^2}$　　B. $\dfrac{3s}{9+(s+2)^2}$　　C. $\dfrac{s+2}{9+(s+2)^2}$　　D. $\dfrac{3(s+2)}{9+(s+2)^2}$

2. 设 $f(t) = (t-a)u(t-a)$ 则 $f(t)$ 的拉普拉斯变换为（　　）.

   A. $\dfrac{e^{as}}{s^2}$　　B. $\dfrac{1}{(s+a)^2}$　　C. $\dfrac{1}{(s-a)^2}$　　D. $\dfrac{e^{-as}}{s^2}$

3. 设 $F(s) = \dfrac{6}{s^2+36}$, 则 $F(s)$ 的拉普拉斯逆变换为（　　）.

   A. $\sin 6t$　　B. $\cos 6t$　　C. $\text{ch}6t$　　D. $\text{sh}6t$

4. 设 $f(0) = f'(0) = \cdots = f^{(9)}(0) = 0$, $f(t)$ 的拉普拉斯变换为 $F(s)$, 则 $f^{(10)}(t)$ 的拉普拉斯变换为（　　）.

   A. $s^9 F(s)$　　B. $s^{10} F(s)$　　C. $\dfrac{1}{s^9} F(s)$　　D. $\dfrac{1}{s^{10}} F(s)$

5. 设 $f(t) = \dfrac{e^t - e^{-t}}{t}$, 则 $f(t)$ 的拉普拉斯变换为（　　）.

   A. $\ln\dfrac{s-1}{s+1}$　　B. $\ln\dfrac{s+1}{s-1}$　　C. $2\ln\dfrac{s-1}{s+1}$　　D. $2\ln\dfrac{s+1}{s-1}$

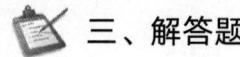 三、解答题

1. 求函数 $f(t)=\sin^2 t$ 的拉普拉斯变换.

2. 用两种方法求函数 $f(t)=\sin 5t$ 的拉普拉斯变换.

3. 设 $f(t)=\begin{cases}\sin t, & t\geq \dfrac{\pi}{2} \\ 4, & 0\leq t<\dfrac{\pi}{2}\end{cases}$，求 $f(t)$ 的拉普拉斯变换.

4. 利用拉普拉斯变换计算积分 $\int_0^{+\infty}\dfrac{1-\cos t}{t}e^{-t}dt$.

5. 求函数 $f(t) = t^6 e^{3t}$ 的拉普拉斯变换.

6. 求函数 $f(t) = t e^{-3t} \sin 2t$ 的拉普拉斯变换.

7. 求周期函数 $f(t) = |\sin t|$ 的拉普拉斯变换.

8. 利用拉普拉斯变换计算积分 $\int_0^{+\infty} \dfrac{\sin^2 t}{t^2} dt$.

9. 求函数 $f(t)=t\int_0^t e^{-3s}\sin 2s\, ds$ 的拉普拉斯变换.

四、证明题

设 $f(t)$ 的拉普拉斯变换为 $F(s)$，a 为正实数，证明（相似性质）$f(at)$ 的拉普拉斯变换为 $\dfrac{1}{a}F\left(\dfrac{s}{a}\right)$.

班级_____　　姓名_____　　学号_____

练习十六

一、求下列函数的拉普拉斯逆变换：

（1）$F(s)=\dfrac{s^2+2}{s(s+1)(s+2)}$；（2）$F(s)=\dfrac{s}{(s^2+1)(s+2)^2}$；（3）$F(s)=\dfrac{s}{s^4+5s^2+4}$.

二、求下列函数在 $[0,+\infty)$ 的卷积.

（1）$t^5 * t^6$；　　　　　（2）$\sin 3t * \cos 3t$.

三、设 $F(s) = \dfrac{s}{(s^2+1)^2}$，求 $F(s)$ 的拉普拉斯逆变换.

四、用拉普拉斯变换解微分方程 $y'' + 4y' + 3y = \mathrm{e}^{-t}$, $y(0) = y'(0) = 1$.

五、用拉普拉斯变换解微分方程 $y''' + 3y'' + 3y' + y = 6\mathrm{e}^{-t}$, $y(0) = y'(0) = y'''(0) = 0$.

六、用拉普拉斯变换解微分方程 $y^{(4)} + 2y'' + y = 0$，$y(0) = y'(0) = y'''(0) = 0$，$y''(0) = 1$.

七、用拉普拉斯变换解微分方程 $y'' + y = 10\sin 2t$，$y(0) = 0$，$y\left(\dfrac{\pi}{2}\right) = 1$.

八、用拉普拉斯变换解积分方程 $y(t) = e^{-t} - \int_0^t y(s)\mathrm{d}s$.

九、用拉普拉斯变换解变系数微分方程 $ty'' + (1-2t)y' - 2y = 0, y(0) = 1, y'(0) = 2$.

十、求方程组 $\begin{cases} x' + y + z' = 1 \\ x + y' + z = 0 \\ y + 4z' = 0 \end{cases}$ 满足初始条件 $x(0) = y(0) = z(0) = 0$ 的特解.

十一、利用拉普拉斯变换求解积分方程 $1 - 2\sin t = y(t) + \int_0^t e^{2(t-s)} y(s) ds$.

班级_____ 姓名_____ 学号_____

复变函数与积分变换综合测试题一（期中）

一、填空题

1. 沿指定曲线正向的积分 $\oint_{|z-1|=1} \dfrac{5z^3-z^2+3z+1}{(z-1)^{2019}} dz =$ _____.

2. 设 $f(z)=\oint_{|\xi|=2} \dfrac{\cos\xi}{\xi-z} d\xi$，其中 $|z|<2$，则 $f(z)=$ _____.

3. 方程 $e^{2z}+1=0$ 的全部解为 _____.

4. $\sin(\dfrac{\pi}{3})-i\cos(\dfrac{\pi}{3})$ 的主辐角是 _____.

5. $\ln(1+3i)$ 的主值是 _____.

6. 函数 $f(z)=-y^3+3x^2y-i(x^3-3xy^2)$ 解析，则 $f'(z)=$ _____.

7. 设 C 为正向圆周 $|z|=1$，则 $\oint_C \dfrac{dz}{z^2+2z+3}=$ _____.

8. 设 C 为正向圆周 $|z|=2$，则 $\oint_C y\,dz=$ _____.

9. $|\sin 4i|=$ _____.

10. 若 $\ln z=2+\dfrac{\pi}{3}i$，则 $z=$ _____.

二、选择题

1. $\oint_{|z|=1} \dfrac{5z^6}{z^5+32} dz=(\quad)$.

  A. πi B. 0 C. $\dfrac{1}{2}$ D. $10\pi i$

2. 下列各函数中，解析的函数是（　　）.

  A. $(x^2-y^2+2xyi)^2$ B. x C. yi D. $x-yi$

3. 幂级数 $\sum\limits_{n=0}^{\infty} \dfrac{1}{(2i)^n} z^{2n}$ 的收敛半径为（　　）.

  A. $2i$ B. $-2i$ C. $\sqrt{2}$ D. 2

4. 下列各数中，虚部为 0 的数是（　　）.

  A. $\cos i$ B. $\ln i$ C. $\sin i$ D. $e^{5\frac{\pi}{2}i}$

5. 在复平面上，下列关于正弦函数 sinz 的命题中，错误的是（　　）.

A. sinz 是周期函数　　　　B. sinz 是解析函数

C. $|\sin z| \leq 1$　　　　D. $(\sin z)' = \cos z$

6. 下列表述正确的是（　　）.

A. 如 $f'(z_0)$ 存在，则 $f(z)$ 在 z_0 解析

B. 如 $f'(z_0)$ 存在，则 $f(z)$ 在 z_0 连续

C. 如 z_0 是 $f(z)$ 奇点，则 $f(z)$ 在 z_0 不可导

D. 如在 z_0 连续，则 $f'(z_0)$ 存在

7. 下列级数收敛的是（　　）.

A. $\sum_{n=0}^{+\infty}\left(\dfrac{4+4\mathrm{i}}{5}\right)^n$　　　　B. $\sum_{n=1}^{+\infty}\mathrm{e}^{\mathrm{i}n}$

C. $\sum_{n=1}^{+\infty}\dfrac{1}{n}\mathrm{i}^n$　　　　D. $\sum_{n=1}^{+\infty}\dfrac{1}{n^{2+\mathrm{i}}}$

8. $\oint_{|z|=1}\dfrac{\cos z}{(z-\pi)^5}\mathrm{d}z$ 的值为（　　）.

A. i　　　　　　B. 1　　　　　　C. -1　　　　　　D. 0

三、解答题

1. 计算积分 $\oint_{|z|=3}\left(\dfrac{z^7}{z+1}+z\mathrm{e}^z\right)\mathrm{d}z$.

2. 计算积分 $\int_C[(\bar{z}+\mathrm{i}z^2)]\mathrm{d}z$，积分路径 C 为自 2i 沿水平方向向右至 1+2i.

3. 求函数 $f(z) = 3x^3 + 2y^4 \mathrm{i}$ 的可导点及解析点.

4. 已知调和函数 $u(x,y) = x^2 - y^2 + xy$，求其共轭调和函数 $v(x,y)$.

四、计算题

1. 将函数 $f(z) = \dfrac{z+3}{z(z+1)(z+2)}$ 在 $|z| > 2$ 展成洛朗级数.

2. 计算积分 $\oint_{|z|=2} \dfrac{\cos z}{\left(z+\dfrac{\pi}{2}\right)^2 (z+1)} dz$.

3. 计算复积分 $\oint_C \dfrac{e^z}{z(z+2)^3} dz$，其中 C 为不经过点 $0, -2$ 的正向简单闭曲线.

复变函数与积分变换综合测试题二（期中）

一、填空题

1. 设 $z = (1+i)^{400}$，则 $\operatorname{Im} z = $ _____.

2. 幂级数 $\sum_{n=1}^{\infty} 9^{-n} z^{2n+1}$ 的收敛半径 $R = $ _____.

3. $|\cos 4i| = $ _____.

4. 沿指定曲线正向的积分 $\oint_{|z-1|=1} \dfrac{5z^3 - z^2 + 3z + 1}{(z-1)^2} dz = $ _____.

5. 设 $f(z) = \oint_{|\xi|=2} \dfrac{\sin \xi}{(\xi - z)^3} d\xi$，其中 $|z| < 2$，则 $f(z) = $ _____.

6. 方程 $z^6 + 1 = 0$ 的全部解为 _____.

二、解答题

1. 求级数 $\sum_{n=0}^{\infty} \dfrac{1}{16^n} z^{2n} + \sum_{n=1}^{\infty} \dfrac{1}{5^n} \dfrac{1}{z^n}$ 的收敛区域.

2. 设 a, b 是实数，函数 $f(z) = xy + (ax^2 + by^2)i$ 在复平面解析，求 a, b.

3. 将函数 $f(z) = \dfrac{z+3}{(z-1)(z-2)}$ 在 $|z-2| > 1$ 展成洛朗级数。

4. 求证 $\left| \int_C \dfrac{dz}{z^2} \right| \leqslant 1$，其中 C 是从 $1-i$ 到 1 的直线段.

5. 计算积分 $\int_C [(y-x)+\mathrm{i}y^2]\mathrm{d}z$，积分路径 C 为自原点沿虚轴至 i，再由 i 沿水平方向向右至 $1+\mathrm{i}$.

三、计算题

1. 计算积分 $I = \oint_{|z|=3}(|z|+z^5\cos z)\mathrm{d}z$.

2. 计算积分 $I = \oint_{|z|=2}\dfrac{1}{z^2(z+3)(z+1)}\mathrm{d}z$.

3. 计算积分 $I = \oint_{|z-2|=1}\dfrac{1}{(z-2)^n}\mathrm{d}z$（$n$ 为整数）.

4. 求调和函数 $u(x,y)=y^3-3x^2y$ 为实部的解析函数 $f(z)$.

5. 计算积分 $\oint_C \dfrac{3z+2}{z^4-1}\mathrm{d}z$，$C$ 为 $|z-(1+\mathrm{i})|=\sqrt{2}$.

班级_____　　姓名_____　　学号_____

复变函数与积分变换综合测试题三

一、选择题

1. 设 ω 是任意一个不等于 1 的 n 次单位根，则 $1+\omega+\omega^2+\cdots+\omega^{n-1}=$（　　）．
   A. i　　　　　　　B. 0　　　　　　　C. 1　　　　　　　D. -1

2. 设幂级数 $\sum\limits_{n=0}^{\infty}a_n z^n$ 的收敛半径 $R>0$，则此幂级数的和函数（　　）．
   A. 在 $|z|<R$ 内不连续　　　　　　　B. 在 $|z|<R$ 内可逐项可导
   C. 在 $|z|<R$ 内不能逐项可积　　　　D. 在 $|z|<R$ 内不解析

3. 下列各函数中，在复平面上解析的函数是（　　）．
   A. $(-\mathrm{i}x^2+\mathrm{i}y^2+2xy)^2$　　B. $|z|$　　C. $y\mathrm{i}$　　D. $2x-y\mathrm{i}$

4. 积分 $\oint_{|z|=1}\mathrm{e}^{\frac{1}{z^2}}\mathrm{d}z$ 的值等于（　　）．
   A. 0　　　　　　　B. $-2\pi\mathrm{i}$　　　　C. $2\pi\mathrm{i}$　　　　D. -1

5. $z=0$ 是 $\dfrac{z-\sin z}{\sin z^6}$ 的（　　）阶极点．
   A. 6　　　　　　　B. 5　　　　　　　C. 3　　　　　　　D. 4

二、填空题

1. 沿指定曲线正向的积分 $\oint_{|z|=2}\dfrac{z^{20}-z^4+1}{(z-\mathrm{i})^{2020}}\mathrm{d}z=$ _____．

2. 方程 $\mathrm{e}^{\pi z}+1=0$ 的全部解为 _____．

3. 幂级数 $\sum\limits_{n=0}^{\infty}\cos(\mathrm{i}n)z^n$ 的收敛半径 $R=$ _____．

4. 函数 $f(z)=\dfrac{\cos 5z}{\sin 5z}$ 在 π 处的留数为 _____．

5. 若 $\ln z=1-\dfrac{\pi}{2}\mathrm{i}$，则 $z=$ _____．

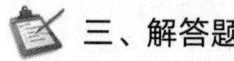 三、解答题

1. 求调和函数 $u(x,y) = 2(x-1)y + 20$ 的共轭调和函数 $v(x,y)$.

2. 求出函数 $f(z) = (x^2 - y^2 - x) + i(2xy - y^2)$ 的可导点及解析点.

3. 求出函数 $f(z) = \dfrac{\left(z - \dfrac{5}{2}\right)^3}{(\cos \pi z)^3}$ 的所有奇点，它们各属何类型（如是极点，指出它的阶数）？

4. 计算积分 $I = \oint_{|z|=2} \dfrac{z}{z^4-1} \mathrm{d}z$.

5. 已知函数 $f(t) = \begin{cases} 0, & t < 0 \\ \mathrm{e}^{-\beta t}, & t \geq 0 \end{cases} (\beta > 0)$，求 $g(t) = \mathrm{e}^{j\omega_0 t} t f(t)$ 的傅里叶变换.

6. 利用留数定理计算积分 $I = \int_{-\infty}^{+\infty} \dfrac{x^2 - x + 2}{x^4 + 10x^2 + 9} \mathrm{d}x$.

7. 计算积分 $I = \int_{|z|=3} \left[\dfrac{\mathrm{e}^z}{z^2 + 25} + \dfrac{1}{(z+4)(z+2)z^2} \right] \mathrm{d}z$.

8. 设 $f(z) = x^2 + axy + by^2 + i(cx^2 + dxy + y^2)$ 为解析函数，试确定 a,b,c,d 的值，并求 $f'(z)$.

9. 将函数 $f(z) = \dfrac{1}{(z+i)(z-2)}$ 在 $2 < |z| < \infty$ 展开成洛朗级数.

10. 用拉普拉斯变换解微分方程 $y'' - 4y' + 3y = e^t$, $y(0) = 0$, $y'(0) = 1$.

复变函数与积分变换综合测试题四

一、填空题

1. 函数 $f(z)=\dfrac{1}{\sin z}$ 在 0 点处的留数为_____.

2. 设 $z=\sin\alpha+i\cos\alpha$，则 z 的三角表示式为_____.

3. 若 $f(z)=ix^2-iy^2-2xy$，则 $f'(z)=$_____.

4. 积分 $\displaystyle\oint_{|z|=3}(|z|^3+z^5e^z\sin z)\,dz=$_____.

5. 设 $f(z)=\dfrac{\sin z}{(z-1)(z-2)}$ 的泰勒级数为 $\displaystyle\sum_{n=1}^{\infty}c_n(z-i)^n$，则该级数的收敛半径 $R=$_____.

6. $z=0$ 是 $\dfrac{1}{z^2(e^{z^2}-1)}$ 的_____阶极点.

二、解答题

1. 计算积分 $\displaystyle\int_C(x^2+iy)\,dz$，积分路径 C 为抛物线 $y=x^2$ 自原点到 $1+i$ 的一段弧.

2. 函数 $f(z)=\dfrac{1}{e^z-1}-\dfrac{1}{z}$ 有哪些奇点？各属何类型（如是极点，指出它的阶数）？

3. 计算积分 $I = \oint_{|z|=0.5} \dfrac{1}{z}\left[1 + \dfrac{1}{z-1} + \dfrac{1}{(z-1)^3} + \dfrac{1}{(z-1)^4}\right]dz$.

4. 设 C 为从原点到点 $3+4i$ 的直线段，试求积分 $\int_C \dfrac{1}{z-i}dz$ 绝对值的一个上界.

5. 求函数 $f(t) = \delta(t-5)\cos(t+1)$ 的傅里叶变换及 $g(t) = e^t \cos t$ 的拉普拉斯变换.

6. 计算积分 $I = \oint_{|z|=2}\left(\dfrac{1}{z^2}\sin z^2 + z^2 \sin\dfrac{1}{z^2}\right)dz$.

7. 利用留数计算积分 $I = \int_0^\pi \dfrac{1}{1+0.6\cos 2x}\,\mathrm{d}x$.

8. 用傅里叶变换的方法解方程 $2x'(t) + x(t) = \delta(t)$.

9. 用拉普拉斯变换解微分方程 $y'' + y = 10\sin 2t,\ y(0) = 0,\ y(\dfrac{\pi}{2}) = 1$.

10. 将函数 $f(z)=\dfrac{z+3}{(z-1)(z-2)}$ 在 $|z-2|>1$ 展成洛朗级数.

11. 计算积分 $I=\oint_{|z|=2}\dfrac{z}{1+z}\mathrm{e}^{\frac{1}{z}}\mathrm{d}z$.

复变函数与积分变换综合测试题五

一、选择题

1. 极限 $\lim\limits_{z \to 0} \dfrac{\operatorname{Im} z}{z}$ 的值为（　　）.

   A. 不存在　　　B. $\dfrac{1}{1+\mathrm{i}}$　　　C. $\dfrac{1}{1-\mathrm{i}}$　　　D. 1

2. 级数 $\sum\limits_{n=1}^{\infty}(1+\mathrm{i})^n z^n$ 的收敛半径为（　　）.

   A. $\dfrac{1}{2}$　　　B. $\dfrac{\sqrt{2}}{2}$　　　C. $\sqrt{2}$　　　D. 2

3. 正向闭曲线上积分 $\oint_{|z|=1} \mathrm{e}^{-\frac{1}{z}} \mathrm{d}z$ 的值等于（　　）.

   A. 0　　　B. $-2\pi\mathrm{i}$　　　C. $2\pi\mathrm{i}$　　　D. 1

4. $z=0$ 是函数 $\dfrac{\sin z - z\cos z}{z^2 \sin z}$ 的（　　）.

   A. 可去奇点　　　B. 一级极点　　　C. 三级极点　　　D. 本性奇点

5. 积分 $\oint_{|z|=1} \dfrac{\mathrm{d}z}{|z|}$ 的值等于（　　）.

   A. 0；　　　B. $-2\pi\mathrm{i}$；　　　C. $2\pi\mathrm{i}$；　　　D. -1

二、填空题

1. 已知 $f(t)$ 的傅里叶变换为 $F(\omega)$，则 $tf(t)$ 的傅里叶变换为_____.

2. 若 $f(z) = x^2 + \mathrm{i}y^2$，则 $f'(2+2\mathrm{i}) =$ _____.

3. 函数 $f(z) = \cot 3z$ 在 π 处的留数为_____.

4. 函数 $\dfrac{1}{\mathrm{e}^z+1}$ 在 $3\mathrm{i}$ 处泰勒展开式的收敛半径等于_____.

5. 沿指定曲线正向的积分 $\oint_{|z|=2} \dfrac{\mathrm{e}^z-1}{(z-1)^{2020}} \mathrm{d}z =$ _____.

三、解答题

1. 计算积分 $I = \oint_{|z|=3} \dfrac{1}{\cos z} dz$.

2. 设 a,b 是实数，函数 $f(z) = x^3 + axy^2 + (bx^2y - y^3)\mathrm{i}$ 在复平面解析，求 $a, b, f'(z)$.

3. 求出函数 $f(z) = \dfrac{\sin z}{z^2(\mathrm{e}^z - 1)}$ 的奇点，并指出其类型，如果是极点，指出它的极.

4. 求调和函数 $v(x,y) = x^2 - y^2 + 5x$ 为虚部的解析函数 $f(z)$.

5. 计算积分 $I = \oint_{|z|=0.5} \sum_{n=-2}^{\infty} z^n \mathrm{d}z$.

6. 设函数 $f(z) = \dfrac{\mathrm{e}^z}{(z-\mathrm{i})^3}$,（1）求 $f(z)$ 在 $0 < |z-\mathrm{i}| < +\infty$ 的洛朗展开式;（2）求 $f(z)$ 在复平面上所有有限孤立奇点处的留数.

7. 设函数 $f(z) = \dfrac{z^5}{1+z^6}$,计算积分 $I = \oint_C f(z)\mathrm{d}z$,其中曲线 C 为 $|z|=2$ 的正向.

8. 利用留数定理计算积分 $I = \int_{-\infty}^{+\infty} \dfrac{x^2}{2x^4+5x^2+2} \mathrm{d}x$.

9. 用拉普拉斯变换解积分方程 $y(t) = \mathrm{e}^{2t} - \int_0^t y(s)\mathrm{d}s$.

10. 求函数 $f(t) = 2\cos 2t + \delta(t+4)\sin 2t$ 的傅里叶变换.

班级_____ 姓名_____ 学号_____

复变函数与积分变换综合测试题六

一、填空题

1. $e^z+3=0$ 的所有解为_____.

2. $2^i=$_____.

3. 函数 $f(z)=\dfrac{x}{x^2+y^2}-i\dfrac{x}{x^2+y^2}$ 解析，则 $f'(z)=$_____.

4. $z=0$ 是 $\dfrac{1-e^{2z}}{z^4}$ 的_____级极点.

5. 设 C 为正向圆周 $|z|=3$，则 $\oint_C \dfrac{dz}{z^2+6z+40}=$_____.

6. 积分 $\int_{-\infty}^{+\infty}(\tau^5+4)\delta(1-\tau)d\tau=$_____.

7. 函数 $f(z)=\dfrac{1}{z}\left[1+\dfrac{1}{z-1}+\cdots+\dfrac{1}{(z-1)^8}\right]$ 在点 $z=0$ 处的留数为_____.

8. 设 C 为正向圆周 $|z|=7$，则 $\oint_C x\,dz=$_____.

9. 若 $f(z)=\dfrac{g(z)}{z-a}$，且 $g(z)$ 在 a 点解析，$g(a)\neq 0$，则 $\mathrm{Res}[f(z),a]=$_____.

10. 幂级数 $\sum_{n=1}^{\infty}\sin(in)(z+1)^n$ 的收敛半径为_____.

二、解答题

1. 证明 $\{\cos(in)\}$ 是无界数列，并判别级数 $\sum_{n=1}^{\infty}\dfrac{\cos(in)}{n^2}$ 的收敛性.

2. 设 $v(x,y) = e^{px}\sin y$，求 p 的值使得 v 为调和函数，并求出以 v 为虚部的解析函数 $f(z)$.

3. 求函数 $f(t) = e^{-|t|} + \delta(t)$ 的傅里叶变换.

4. 设 C 为从原点到 $2+3i$ 的直线段，计算积分 $I = \int_C [(x-2y) + i xy] dz$.

5. 计算积分 $I = \oint_{|z|=1} z^8 \sin\dfrac{1}{z} \mathrm{d}z$.

6. 将函数 $f(z) = \dfrac{1}{z^2(z+1)}$ 分别在圆环域 $0<|z|<1$，$0<|z+1|<1$ 展开成洛朗级数.

7. 计算积分 $\oint_{|z|=4} \dfrac{\sin z}{(z-5)^3(z+\pi)^2(z-1)} \mathrm{d}z$.

8. 利用留数定理计算积分 $\int_0^\pi \dfrac{dx}{1+\sin^2 x}$.

9. 用拉普拉斯变换的方法求 $y(t) = 3t + \int_0^t \sin(t-s) y(s) ds$ 的解.

10. 求函数 $f(t) = \begin{cases} 1, & |t| \leq 1 \\ 0, & |t| > 1 \end{cases}$ 的傅里叶变换，由此证明 $\int_0^{+\infty} \dfrac{\sin \omega}{\omega} d\omega = \dfrac{\pi}{2}$.

复变函数与积分变换综合测试题七

一、选择题

1. 复数 $-\sin\dfrac{\pi}{5}-\mathrm{i}\cos\dfrac{\pi}{5}$ 的三角表示式为（　　）.

   A. $-\left(\cos\dfrac{3\pi}{10}+\mathrm{i}\sin\dfrac{3\pi}{10}\right)$ 　　　B. $\cos\dfrac{\pi}{5}+\mathrm{i}\sin\dfrac{\pi}{5}$

   C. $\cos\left(-\dfrac{7\pi}{10}\right)+\mathrm{i}\sin\left(-\dfrac{7\pi}{10}\right)$ 　　　D. $\cos\dfrac{3\pi}{10}+\mathrm{i}\sin\dfrac{3\pi}{10}$

2. 下列级数收敛是（　　）.

   A. $\sum\limits_{n=1}^{\infty}\dfrac{\mathrm{i}^{n+3}}{n+3}$ 　　B. $\sum\limits_{n=1}^{\infty}\left(\dfrac{1+5\mathrm{i}}{2}\right)^n$ 　　C. $\sum\limits_{n=1}^{\infty}\left(\dfrac{1}{n}+\dfrac{\mathrm{i}}{2^n}\right)$ 　　D. $\sum\limits_{n=1}^{\infty}\dfrac{\mathrm{i}}{2n}$

3. 下列各函数中，1 是本性极点的函数是（　　）.

   A. $\dfrac{1}{z-1}$ 　　B. $\dfrac{1}{\sin\pi z}$ 　　C. $\cos\left(\dfrac{1}{1-z}\right)$ 　　D. $(z-1)^2$

4. 在复平面上，下列命题中错误的是（　　）.

   A. e^z 是周期函数　　　B. $\sin z$ 是无界函数

   C. $\ln z^n = n\ln z$ 　　　D. $(\cos z)' = -\sin z$

5. 若函数 $f(z)=u(x,y)+\mathrm{i}v(x,y)$ 在点 z_0 点解析与在点 z_0 点（　　）等价.

   A. 可导　　　B. u,v 可微

   C. u,v 满足 C-R 条件　　　D. 在 z_0 某领域内可展成幂级数

二、填空题

1. $z=0$ 是 $\dfrac{z-\sin z}{z^{12}}$ 的_____阶极点.

2. 设 C 为正向圆周 $\left|z-\dfrac{\pi}{4}\right|=1$，则积分 $\oint_C\dfrac{1}{z\sin z}\mathrm{d}z=$_____.

3. 函数 $t*\cos t$ 的拉普拉斯变换为_____.

4. $(-1)^{\mathrm{i}}$ 的主值为_____.

5. 设 $f(z)=\dfrac{\mathrm{e}^z}{z^2(z-1)(z-2)}$ 的泰勒级数为 $\sum\limits_{n=1}^{\infty}c_n(z-3-2\mathrm{i})^n$，则该级数的收敛半径 $R=$_____.

三、解答题

1. 求函数 $f(z)=\dfrac{z^3 e^{\frac{1}{z-1}}}{(\sin z)^2 (e^z-1)}$ 的孤立奇点，并说明其类型，若是极点，指出其阶数.

2. 计算积分 $I=\oint_{|z|=3}\left(\dfrac{z^3}{z-2}+z e^z\right)dz$.

3. 计算 $I=\left(\dfrac{1+\sqrt{3}\,i}{2}\right)^{2020}$ 的值.

4. 计算积分 $I = \oint_{|z-2|=2} \mathrm{e}^{\frac{1}{2-z}} \mathrm{d}z$.

5. 已知调和函数 $v = \dfrac{y}{x^2 + y^2}$ $(x > 0)$，求调和函数 u，使得 $f(z) = u + \mathrm{i}v$ 成为解析函数，并满足 $f(2) = 0$.

6. 讨论函数 $f(z) = \mathrm{Re}(z^2)$，并计算积分 $\int_L \mathrm{Re}(z^2)\mathrm{d}z$，其中积分路径 L 为从 i 到 1+i 的直线段.

7. 设 $f(z) = \oint_{|\xi|=2} \dfrac{\cos\xi + \xi^3}{\xi - z}\mathrm{d}\xi$, $z \in \{z \mid |z| \neq 2$，求 $f''(z)$ 和 $f''\left(\dfrac{\pi}{2}\right)$.

8. 将函数 $f(z) = \dfrac{1}{z(1-z)^2}$ 分别在下列圆环域内展成洛朗级数：

（1）$0 < |z| < 1$；（2）$1 < |z-1| < +\infty$.

9. 计算积分 $I = \displaystyle\int_0^{+\infty} \dfrac{x\sin x}{(1+x^2)(9+x^2)}\,\mathrm{d}x$.

10. 用拉普拉斯变换解变系数微分方程 $ty'' + 2y' + ty = 0, y(0) = 1, y'(0) = 1$.

四、证明题

设 $f(z)$ 在 $|z| \leqslant 1$ 解析，且在 $|z| = 1$ 上有 $|f(z)| \leqslant 1$，试证 $|f'(0)| \leqslant 1$.

参考答案

练习一

四、计算题

1. $0, -2^{250}, 2^{250}$.

2. i.

3. 主辐角 $-\dfrac{2}{3}\pi$,模为 1.

4. $z_k = e^{\frac{(2k+1)\pi}{9}i}$,$(k=0,1,2,3,4,5,6,7,8)$.

5. $1, i$

6. $2\sin\dfrac{\varphi}{2} e^{i(\frac{\pi}{2}-\frac{\varphi}{2})}$

7. $z_k = 2^{\frac{1}{3}} e^{(-\frac{2}{3}\pi i + 2k\pi i)/3}$,$(k=0,1,2)$.

8. $z_1 = \dfrac{-1+i\sqrt{3}}{2}$,$z_2 = \dfrac{-1-i\sqrt{3}}{2}$,$z_3 = \dfrac{1+i\sqrt{3}}{2}$,$z_4 = \dfrac{1-i\sqrt{3}}{2}$

练习二

三、计算题

$z_1 = \dfrac{3\sqrt{2}}{2} + \left(2 - \dfrac{3\sqrt{2}}{2}\right)i$,$z_2 = \dfrac{-3\sqrt{2}}{2} + \left(2 + \dfrac{3\sqrt{2}}{2}\right)i$.

四、证明题

1. 提示令 $z = r(\cos\theta + i\sin\theta)$.

五、解答题

1. (1)是实数轴,不是区域.

（2）是以 $y=-\pi, y=\pi$ 为界的带形单连通区域.

（3）不是区域.

2. 提示令 $z=r(\cos\theta+\mathrm{i}\sin\theta)$.

3. 除原点及负实轴外都连续.

练习三

五、解答题

1. 在 $z=0$ 可导且导数为 0，但在复平面内任何地方都不解析.

2. 在直线 $x=y$ 上可导，但在复平面内任何地方都不解析.

3. $f'(z)=3z^2$.

4. $k=1$.

5. $c=1, a=-b$.

6. $n=l=-3, m=1$.

练习四

四、计算题

1. e^{-2x}

2. $\ln(-3+4\mathrm{i})=\ln 5+\mathrm{i}(-\arctan\dfrac{4}{3}+\pi+2k\pi)$，（$k$ 为整数）；$(1+\mathrm{i})^{\mathrm{i}}=\mathrm{e}^{\mathrm{i}\ln\sqrt{2}-(\frac{\pi}{4}+2k\pi)}$.

3. $\mathrm{e}^{-1+\frac{\pi\mathrm{i}}{6}}=\mathrm{e}^{-1}(\dfrac{\sqrt{3}}{2}+\dfrac{\mathrm{i}}{2})$；$1^{\sqrt{2}}=\cos 2k\sqrt{2}\pi+\mathrm{i}\sin 2k\sqrt{2}\pi$，（$k$ 为整数）；

   $\tan(\dfrac{\pi}{4}-\mathrm{i})=1-0.990\mathrm{i}$

4. $\dfrac{\ln 2}{3}+\mathrm{i}(\dfrac{2\pi}{9}+\dfrac{2k\pi}{3})$，（$k$ 为整数）.

六、解答题

1. （1）复平面除去点（1，-1）外处处解析；（2）$f'(z)=\dfrac{2z}{(z^2-1)^2}-2\sin z$.

2. 复平面除去点（0，0）外处处解析；$f'(z)=-\dfrac{1+\mathrm{i}}{z^2}$.

3. 在 $z=0$ 可导且导数为 0，但在复平面内任何地方都不解析.

练习五

四、计算题

1. （1）$\dfrac{i-1}{3}$；（2）$-\dfrac{1}{2}+\dfrac{5i}{6}$；（3）$-\dfrac{1}{2}-\dfrac{i}{6}$.

2. $-\dfrac{1}{6}+\dfrac{5i}{6}$.

六、解答题

0；0；0.

练习六

三、计算题

1. 提示：分 4 种情况讨论.
2. 0.
3. $6\pi i$.
4. $\pi i-\pi$.
5. $-\dfrac{\pi}{5}$.
6. $\dfrac{2\pi\rho}{|a|^2-\rho^2}$.

四、解答题

1. $f'(1+i)=-12\pi+26\pi i,\ f'(2)=0$.

2. （1）$\dfrac{\sqrt{2}}{2}\pi i$；（2）$\dfrac{\sqrt{2}}{2}\pi i$；（3）$\sqrt{2}\pi i$.

3. $\oint_C \dfrac{e^z}{z}dz=2\pi i$.

4. $\dfrac{-1+i\sqrt{3}}{2}$，$\dfrac{-1-i\sqrt{3}}{2}$ 都在 C 内或者都在 C 外时.

练习七

三、计算题

1. 0.

2. 0.

3. （1）$\dfrac{\pi i}{4}(1-5e^{-2})$；（2）$\dfrac{\pi i}{4}$；（3）0.

4. （1）$\dfrac{\pi i}{2}$；（2）$-\dfrac{\pi}{2}$；（3）$\dfrac{\pi}{2}$.

5. （1）0；（2）$2\pi i \sin^2 1$；（3）0.

四、解答题

1. $f(i) = -\pi i \sin i$；$f(1+6i) = 0$.

2. ze^z.

3. $\dfrac{z^2}{2}(2-i) + \dfrac{i}{2}$.

4. $\ln z - \dfrac{\pi}{4} i$.

5. $\oint_{|z|=1} \dfrac{1}{z+2} dz = 0$.

练习八

四、解答题

1. （1）绝对收敛；（2）发散.

2. （1）3；（2）$\dfrac{\sqrt{e}}{e}$；（3）∞.

3. （1）$\displaystyle\sum_{n=1}^{\infty} n(-1)^{n+1}(z-1)^{n-1}$，$|z-1|<1$；（2）$\displaystyle\sum_{n=0}^{\infty} \dfrac{3^n(z-1-i)^n}{(1-3i)^{n+1}}$，$|z-1-i|<\dfrac{\sqrt{10}}{3}$.

4. （1）$\displaystyle\sum_{n=0}^{\infty} (-1)^n z^{3n}$；$|z|<1$.

   （2）当 $a \neq b$ 时，$\dfrac{1}{a-b}\displaystyle\sum_{n=0}^{\infty}\left[\dfrac{1}{b}(\dfrac{z}{b})^n - \dfrac{1}{a}(\dfrac{z}{a})^n\right]$，$|z|<\min(|a|,|b|)$；

   当 $a = b$ 时，$\dfrac{1}{a}\displaystyle\sum_{n=1}^{\infty} \dfrac{n}{a}(\dfrac{z}{a})^{n-1}$，$|z|<|a|$；

   （3）$\displaystyle\sum_{n=1}^{\infty} (-1)^{n+1} n z^{2n}$，$|z|<1$.

5. $\sum_{n=0}^{\infty}[(-1)^{n+1}\frac{n+1}{2^{2n+3}}-\frac{1}{2^{n-1}}]z^n$, $|z|<2$.

6. $f(z)=1-\frac{1}{2}z+\frac{1}{12}z^2+0z^3+\cdots$.

7. z^3+C.

练习九

三、计算题

1. $4\pi i$.
2. 0

四、解答题

1. （1）当 $0<|z|<1$ 时，$z^{-2}-2\sum_{n=0}^{\infty}z^{n-2}$；当 $1<|z|<+\infty$ 时，$z^{-2}+2\sum_{n=0}^{\infty}z^{-n-3}$.

    （2）$\sum_{n=0}^{\infty}\frac{z^{-n+2}}{n!}$.

2. 当 $0<|z-1|<1$ 时，$-\sum_{n=0}^{\infty}(z-1)^{n-1}$；当 $1<|z-1|<+\infty$ 时，$\sum_{n=0}^{\infty}(z-1)^{-n-2}$.

3. 当 $|z|<1$，$\sum_{n=0}^{\infty}\left(1+\frac{1}{1!}+\frac{1}{2!}+\cdots+\frac{1}{n!}\right)z^n$；当 $0<|z-1|<+\infty$ 时，$-e\sum_{n=0}^{\infty}\frac{(z-1)^{n-1}}{n!}$.

4. $-\sum_{n=0}^{\infty}\frac{1}{2^{n+1}}z^n+\sum_{n=0}^{\infty}(-1)^{n+1}\frac{2}{z^{2n+2}}$.

5. $\sum_{n=0}^{\infty}(-1)^n(n+1)\frac{(z-i)^{n-2}}{(2i)^{n+2}}$, $0<|z-i|<2$.

6. 当 $|z|<1$ 时，$(1-4z)\sum_{n=0}^{\infty}z^{4n}$；当 $1<|z|<+\infty$ 时，$(4z^{-3}-z^{-4})\sum_{n=0}^{\infty}z^{-4n}$

练习十

四、计算题

1. 0.
2. 提示：分 8 种情形讨论.

3. （1）$\operatorname{Res}[f(z), 0] = -\dfrac{1}{6}$；（2）$\operatorname{Res}[f(z), 0] = -\dfrac{1}{120}$.

4. $\operatorname{Res}[f(z), -1] = -\cos 1$.

5. $\operatorname{Res}[f(z), 0] = \sum\limits_{n=0}^{\infty} \dfrac{1}{n! \times (n+1)!}$.

五、解答题

1. （1）0 是 $f(z)$ 的三级级点，$2k\pi i$（k 为不等于零的整数）是 $f(z)$ 的一级级点；

   （2）0 是 $f(z)$ 的一级级点，$k\pi$（k 为不等于零的整数）是 $f(z)$ 的二级级点；

   （3）0 是 $f(z)$ 的可去奇点，$2k\pi i$（k 为不等于零的整数）是 $f(z)$ 的一级级点.

2. 0 是 $f(z)$ 的五级级点；$2k\pi i$（k 为不等于零的整数）是 $f(z)$ 的一级级点.

练习十一

三、计算题

1. （1）0；（2）$\dfrac{e\pi i}{8}$；（3）$2\pi i$；（4）$\sum\limits_{n=0}^{\infty} \dfrac{2\pi i}{n! \times (n+1)!}$.

2. πi.

3. $\dfrac{2\pi}{\sqrt{a^2 - 1}}$.

4. $\dfrac{5\pi}{12}$.

5. $\dfrac{\sqrt{2}}{4}\pi$.

6. $\dfrac{\sqrt{2}}{4}\pi$.

7. $2\pi i$.

练习十二

三、解答题

1. $w = \dfrac{-4z}{(i-1)z - 1 - i}$.

2. 旋转角为 $\dfrac{\pi}{2} + 2k\pi$（k 为整数）；伸缩率 6.

3. 平行于虚轴的一条直线 $u = \dfrac{1}{2}$.

4. $w = z^2$ 把上半单位圆域映射成为 $|w| < 1$ 且沿 0 到 1 的半径有割痕.

5. $w = -\mathrm{i}\dfrac{z-\mathrm{i}}{z+\mathrm{i}}$.

6. $w = \mathrm{i}\dfrac{z-\mathrm{i}}{z+\mathrm{i}}$.

7. $w = \dfrac{(\sqrt[4]{z})^5 - \mathrm{i}}{(\sqrt[4]{z})^5 + \mathrm{i}}$.

8. $w = \dfrac{\left(\dfrac{z+1}{z-1}\right)^2 - \mathrm{i}}{\left(\dfrac{z+1}{z-1}\right)^2 + \mathrm{i}}$.

9. $w = -\dfrac{z^2 + 2}{3z^2}$.

练习十三

三、解答题

1. $\dfrac{2\mathrm{j}}{\omega}(\cos\omega - 1)$.

2. $\dfrac{2}{1+\omega^2}$.

3. $\mathrm{e}^{2(-\mathrm{j}\omega+1)} - \dfrac{\mathrm{j}\pi}{2}[\delta(\omega-3) - \delta(\omega+3)] + \dfrac{\sqrt{3}\pi}{2}[\delta(\omega-3) + \delta(\omega+3)]$.

4. $\sin 4\mathrm{e}^{3\mathrm{j}(1-\omega)}$.

5. $2\pi\delta(\omega) + \mathrm{e}^{\mathrm{j}\omega} - \omega^2\mathrm{e}^{-\mathrm{j}\omega}$.

6. $\dfrac{\pi}{2}$.

7. $\pi\mathrm{j}[\delta'(\omega-1) + \delta'(\omega+1)]$.

8. $f(t) = \begin{cases} \dfrac{1}{2}[u(t+1) + u(1-t) - 1], & |t| \neq 1 \\ \dfrac{1}{4}, & |t| = 1 \end{cases}$.

9. $\dfrac{1}{2\mathrm{j}}\sqrt{\pi}\omega\mathrm{e}^{-\frac{\omega^2}{4}}$.

练习十四

一、$f(t)*g(t) = \begin{cases} 0 & t \leq 0 \\ \dfrac{1}{2}(\sin t - \cos t + e^{-t}) & 0 < t \leq \dfrac{\pi}{2} \\ \dfrac{1}{2}e^{-t}(1+e^{\frac{\pi}{2}}) & t > \dfrac{\pi}{2} \end{cases}$.

二、$f(t)*g(t) = \begin{cases} 0, & t \leq -1 \\ \dfrac{1}{4}(t+1)^2, & -1 < t \leq 1 \\ \dfrac{1}{4}t^2 + \dfrac{1}{2}t + \dfrac{3}{4}, & 1 < t \leq 3 \\ 0, & t > 3 \end{cases}$.

三、$-\dfrac{1}{\omega^2-1} + \dfrac{\pi j}{2}[\delta(\omega+1) - \delta(\omega-1)]$.

四、$\dfrac{\beta + j\omega}{\omega_0^2 + (\beta + j\omega)^2}$.

五、$x(t) = \begin{cases} 0, & t < 0 \\ \dfrac{1}{2}e^{-\frac{1}{2}t}, & t \geq 0 \end{cases}$.

六、$\dfrac{1}{2\pi}\int_{-\infty}^{+\infty} \dfrac{F(\omega)}{1+G(\omega)} e^{j\omega t} d\omega$.

七、$\dfrac{a(b-a)}{\pi b[t^2 + (b-a)^2]}$.

八、$x(t) = \begin{cases} \dfrac{1}{3}(e^{2t} - e^t), & t < 0 \\ 0, & t = 0 \\ \dfrac{1}{2}(e^{-t} - e^{-2t}), & t > 0 \end{cases}$.

九、$\dfrac{1}{2}\int_{-\infty}^{+\infty} f(s)e^{-|t-s|} ds$.

十、$u(x,t) = t\sin x$.

十一、$u(x,t) = \cos(t-x)$.

练习十五

三、解答题

1. $\dfrac{1}{2s} - \dfrac{s}{2(s^2+4)}$.

2. $\dfrac{5}{s^2+25}$.

3. $\dfrac{1}{s^2+1} - \dfrac{4}{s}(\mathrm{e}^{-\frac{\pi}{2}s}-1)$.

4. $\dfrac{\ln 2}{2}$.

5. $\dfrac{6!}{(s-3)^7}$.

6. $\dfrac{4(s+3)}{[(s+3)^2+4]^2}$.

7. $\dfrac{1}{s^2+1}\coth\dfrac{\pi s}{2}$.

8. $\dfrac{\pi}{2}$.

9. $\dfrac{2(2s^2+12s+13)}{s^2[(s+3)^2+4]^2}$.

练习十六

一、（1）$1-3\mathrm{e}^{-t}+3\mathrm{e}^{-2t}$；（2）$\dfrac{1}{25}(3\cos t+4\sin t-3\mathrm{e}^{-2t}-10t\,\mathrm{e}^{-2t})$；

（3）$\dfrac{1}{3}(\cos t-\cos 2t)$.

二、（1）$\dfrac{5!\times 6!}{11!}t^{12}$；（2）$\dfrac{1}{6}\sin 3t-\dfrac{1}{2}t\cos 3t$.

三、$\dfrac{t\sin t}{2}$.

四、$y(t)=\dfrac{1}{2}t\mathrm{e}^{-t}+\dfrac{7}{4}\mathrm{e}^{-t}-\dfrac{3}{4}\mathrm{e}^{-3t}$.

五、$t^3\mathrm{e}^{-t}$.

六、$\dfrac{t\sin t}{2}$.

七、$\sin t-\dfrac{10\sin 2t}{3}$.

八、$(1-t)\mathrm{e}^{-t}$.

九、e^{2t}.

十、$\begin{cases} x(t)=\dfrac{1}{4}(3\mathrm{sh}t+t), \\ x(t)=1-\mathrm{ch}t, \\ x(t)=\dfrac{1}{4}(\mathrm{sh}t-t). \end{cases}$

十一、$y(t)=2-\cos t-3\sin t$

复变函数与积分变换综合测试题一

一、填空题

1. 0; 2. $2\pi \mathrm{i} \cos z$; 3. $\dfrac{(2k+1)\pi \mathrm{i}}{2}$, k 为整数; 4. $-\dfrac{\pi}{6}$; 5. $\dfrac{1}{2}\ln 10 + \mathrm{i}\arctan 3$;

6. $-3\mathrm{i}z^2$; 7. 0; 8. -4π; 9. $\dfrac{\mathrm{e}^4 - \mathrm{e}^{-4}}{2}$; 10. $\mathrm{e}^2\left(\dfrac{1}{2} + \dfrac{\sqrt{3}}{2}\mathrm{i}\right)$.

二、选择题

1. B   2. A   3. C   4. A   5. C   6. B   7. C   8. D

三、解答题

1. $\oint_{|z|=3}\left(\dfrac{z^7}{z+1} + z\mathrm{e}^z\right)\mathrm{d}z = \oint_{|z|=3}\dfrac{z^7}{z+1}\mathrm{d}z + \oint_{|z|=3} 2z\mathrm{e}^{2z}\mathrm{d}z = 2\pi \mathrm{i} \times (-1)^7 + 0 = -2\pi \mathrm{i}$.

2. $C: z = 2\mathrm{i} + (1 + 2\mathrm{i} - 2\mathrm{i})t = 2\mathrm{i} + t$, $0 \leqslant t \leqslant 1$.

$$\int_C [(\bar{z} + \mathrm{i}z^2)]\mathrm{d}z = \int_0^1 [-2\mathrm{i} + t + \mathrm{i}(2\mathrm{i} + t)^2]\mathrm{d}t$$
$$= \int_0^1 [-2\mathrm{i} + t + \mathrm{i}(2\mathrm{i} + t)^2]\mathrm{d}t$$
$$= -3\int_0^1 t\mathrm{d}t + \mathrm{i}\int_0^1 (t^2 - 6)\mathrm{d}t = -\dfrac{3}{2} - \dfrac{17}{3}\mathrm{i}$$

3. $u = 3x^3, v = 2y^4$, $u_x = 9x^2, u_y = 0, v_x = 0, v_y = 8y^3$.

$9x^2 = 8y^3$, $0 = -0$, $f(z)$ 在 $9x^2 = 8y^3$ 可导，无解析点.

4. $\dfrac{\partial v}{\partial x} = -\dfrac{\partial u}{\partial y} = -(-2y + x) = 2y - x$，得 $v = \int(2y - x)\mathrm{d}x = 2xy - \dfrac{x^2}{2} + g(y)$,

$\dfrac{\partial v}{\partial y} = 2x + g'(y)$ 又 $\dfrac{\partial v}{\partial y} = \dfrac{\partial u}{\partial x} = 2x + y$，故 $g'(y) = y$.

即 $g(y) = \int y\mathrm{d}y = \dfrac{y^2}{2} + C$.

因此 $v = 2xy - \dfrac{x^2}{2} + \dfrac{y^2}{2} + C$（$C$ 为任意常数）

四、计算题

1. $f(z) = \dfrac{2}{z(z+1)} - \dfrac{1}{z(z+2)} = \dfrac{2}{z^2(1+\dfrac{1}{z})} - \dfrac{1}{z^2(1+\dfrac{2}{z})}$

$= 2\sum_{n=0}^{\infty}(-1)^n z^{-n-2} - \sum_{n=0}^{\infty}(-2)^n z^{-n-2} = \sum_{n=0}^{\infty}[2(-1)^n - (-2)^n]z^{-n-2}$

2. $\oint_{|z|=2} \dfrac{\cos z}{(z+\dfrac{\pi}{2})^2(z+1)} dz = 2\pi i \left\{\mathrm{Res}[f(z),-1] + \mathrm{Res}\left[f(z),-\dfrac{\pi}{2}\right]\right\}$

$= 2\pi i [\lim_{z\to -1}(z+1)\dfrac{\cos z}{(z+\dfrac{\pi}{2})^2(z+1)} + \lim_{z\to -\frac{\pi}{2}}(z+\dfrac{\pi}{2})\dfrac{\cos z}{(z+\dfrac{\pi}{2})^2(z+1)}]$

$= 4\pi i \dfrac{2\cos 1 - 2 + \pi}{(-2+\pi)^2}$

3. （1）$0, -2$ 在 C 内：

$I = \oint_C \dfrac{e^z}{(z+2)^3 z} dz = \oint_{C_1} \dfrac{e^z}{(z+2)^3 z} dz + \oint_{C_2} \dfrac{e^z}{(z+2)^3 z} dz$

$= \oint_{C_1} \dfrac{e^z/(z+2)^3}{z} dz + \oint_{C_2} \dfrac{e^z/z}{(z+2)^3} dz$

$= 2\pi i \times \dfrac{e^0}{(0+2)^3} + \dfrac{2\pi i}{2!} \times (e^z/z)''|_{z=-2} = \dfrac{\pi i}{4}(1 - 5e^{-2})$；

（2）0 在 C 内，-2 在 C 外：

$I = 2\pi i \mathrm{Res}[f(z),0] = 2\pi i \times \dfrac{1}{8} = \dfrac{\pi i}{4}$；

（3）0 在 C 内，-2 在内：

$I = 2\pi i \mathrm{Res}[f(z),-2] = -\dfrac{5\pi i}{4} e^{-2}$；

（4）$0, -2$ 在 C 外，$I = 0$．

复变函数与积分变换综合测试题二

一、填空题

1. 0； 2. 3； 3. $\dfrac{e^{-4} + e^4}{2}$； 4. $32\pi i$； 5. $-\pi i \sin z$； 6. $e^{\frac{2k+1}{6}\pi i}$，$(k=0,1,2,3,4,5)$．

二、解答题

1. $\sum_{n=0}^{\infty} \dfrac{1}{16^n} z^{2n} + \sum_{n=1}^{\infty} \dfrac{1}{5^n} \dfrac{1}{z^n} = \sum_{n=0}^{\infty} (\dfrac{1}{16}z^2)^n + \sum_{n=1}^{\infty} (\dfrac{1}{5z})^n$, $\dfrac{1}{5} < |z| < 4$．

2. $u=xy, v=ax^2+by^2$, $u_x=y, u_y=x, v_x=2ax, v_y=2by$,
   $y=2by, x=-2ax$, $a=-\dfrac{1}{2}, b=\dfrac{1}{2}$.

3. $f(z)=\dfrac{z+3}{(z-1)(z-2)}=\dfrac{5}{z-2}-\dfrac{4}{z-1}=\dfrac{5}{z-2}-\dfrac{4}{z-2+1}$
   $=\dfrac{5}{z-2}-\dfrac{4}{(z-2)(1+\dfrac{1}{z-2})}=\dfrac{5}{z-2}-4\sum_{n=0}^{\infty}(-1)^n(z-2)^{-n-1}$.

4. C: $z=1-\mathrm{i}+\mathrm{i}t=1+\mathrm{i}(t-1)$, $0\leqslant t\leqslant 1$.
   $\left|\dfrac{1}{z^2}\right|=\dfrac{1}{|z|^2}=\dfrac{1}{1+(t-1)^2}\leqslant 1$, $\left|\int_C\dfrac{\mathrm{d}z}{z^2}\right|\leqslant 1\times 1=1$.

5. C_1: $z(t)=\mathrm{i}t$, $x=0$, $y=t$, C_2: $z(t)=\mathrm{i}+t$, $x=t$, $y=1$.
   $\int_C[(y-x)+\mathrm{i}y^2]\mathrm{d}z=\int_{C_1}[(y-x)+\mathrm{i}y^2]\mathrm{d}z+\int_{C_2}[(y-x)+\mathrm{i}y^2]\mathrm{d}z$
   $=\int_0^1[(t-0)+\mathrm{i}\times t^2]\times\mathrm{i}\,\mathrm{d}t+\int_0^1[(1-t)+\mathrm{i}]\mathrm{d}t$
   $=\dfrac{\mathrm{i}}{2}-\dfrac{1}{3}+1-\dfrac{1}{2}+\mathrm{i}=\dfrac{3}{2}\mathrm{i}+\dfrac{1}{6}$

三、计算题

1. $I=\oint_{|z|=3}(3+z^5\cos z)\mathrm{d}z=0$.

2. $I=2\pi\mathrm{i}\{\operatorname{Res}[f(z),0]+\operatorname{Res}[f(z),-2]\}=2\pi\mathrm{i}[\lim_{z\to 0}(\dfrac{1}{(z+4)(z+2)})'+\dfrac{1}{8}]=\dfrac{\pi\mathrm{i}}{16}$.

3. 当 $n=1$ 时，$I=2\pi\mathrm{i}$；当 $n\neq 1$ 时，$I=0$.

4. $u_x=-6xy, u_y=3y^2-3x^2, f'(z)=u_x-\mathrm{i}u_y=3\mathrm{i}z^2$, $f(z)=\mathrm{i}z^3+c$.

5. $f(z)$ 的奇点为 $1,-1,\mathrm{i},-\mathrm{i}$. 其中 $1,\mathrm{i}$ 在 C 内.
   $I=\oint_C\dfrac{3z+2}{(z^4-1)}\mathrm{d}z=\oint_{|z-1|=0.1}\dfrac{\dfrac{3z+2}{(z+1)(z^2+1)}}{z-1}\mathrm{d}z+\oint_{|z-\mathrm{i}|=0.1}\dfrac{\dfrac{3z+2}{(z^2-1)(z+\mathrm{i})}}{z-\mathrm{i}}\mathrm{d}z$
   $=2\pi\mathrm{i}\times\dfrac{3\times 1+2}{(1+1)(1^2+1)}+2\pi\mathrm{i}\times\dfrac{3\times\mathrm{i}+2}{(\mathrm{i}^2-1)(\mathrm{i}+\mathrm{i})}=\pi\mathrm{i}-\pi$

复变函数与积分变换综合测试题三

一、选择题

1. B　　2. B　　3. A　　4. A　　5. C

二、填空题

1. 0； 2. $(2k+1)\mathrm{i}$； 3. e^{-1}； 4. $\dfrac{1}{5}$； 5. $-e\mathrm{i}$

三、解答题

1. $u_x = 2y$, $u_y = 2(x-1)$
   $f'(z) = u_x - \mathrm{i}u_y = 2y - 2(x-1)\mathrm{i} = -2\mathrm{i}z + 2\mathrm{i}$
   $f(z) = -\mathrm{i}z^2 + 2\mathrm{i}z + c$, $v(x,y) = y^2 - x^2 + 2x + c$

2. $u_x = 2x - 1$, $u_y = -2y$; $v_x = 2y$, $v_y = 2x - 2y$;
   当且仅当 $y = \dfrac{1}{2}$ 时，$u_x = v_y$，$u_y = -v_x$. 故 $f(z)$ 在直线 $y = \dfrac{1}{2}$ 可导，无解析点.

3. $k + \dfrac{1}{2}$（k 为等于 2 的整数）是 $f(z)$ 的 3 级极点；$\dfrac{5}{2}$ 是 $f(z)$ 的可去奇点.

4. 函数有四个一级极点：± 1，$\pm\mathrm{i}$，都在 C 内，由留数定理，得.
   $I = 2\pi\mathrm{i}[\mathrm{Res}(f,1) + \mathrm{Res}(f,-1) + \mathrm{Res}(f,\mathrm{i}) + \mathrm{Res}(f,-\mathrm{i})]$;
   $\dfrac{P(z)}{Q'(z)} = \dfrac{z}{4z^3} = \dfrac{1}{4z^2}$, $\mathrm{Res}(f,1) = \dfrac{1}{4}$, $\mathrm{Res}(f,-1) = \dfrac{1}{4}$, $\mathrm{Res}(f,\mathrm{i}) = -\dfrac{1}{4}$, $\mathrm{Res}(f,-\mathrm{i}) = -\dfrac{1}{4}$;
   $I = 0$.

5. $F(\omega) = \int_{-\infty}^{+\infty} f(t)\mathrm{e}^{-\mathrm{j}\omega t}\mathrm{d}t = \int_{0}^{+\infty} \mathrm{e}^{-\beta t}\mathrm{e}^{-\mathrm{j}\omega t}\mathrm{d}t = \int_{0}^{+\infty} \mathrm{e}^{-(\beta+\mathrm{j}\omega)t}\mathrm{d}t = \dfrac{1}{\beta + \mathrm{j}\omega}$.
   $F[tf(t)] = \mathrm{j}\dfrac{\mathrm{d}}{\mathrm{d}\omega}\left(\dfrac{1}{\beta + \mathrm{j}\omega}\right) = \dfrac{1}{(\beta + \mathrm{j}\omega)^2}$, $F[g(t)] = \dfrac{1}{[\beta + \mathrm{j}(\omega - \omega_0)]^2}$.

6. $n = 2$, $m = 4$, $m - n = 2$.
   $I = 2\pi\mathrm{i}\left\{\mathrm{Res}\left[\dfrac{z^2 - z + 2}{z^4 + 10z^2 + 9}, \mathrm{i}\right] + \mathrm{Res}\left[\dfrac{z^2 - z + 2}{z^4 + 10z^2 + 9}, 3\mathrm{i}\right]\right\}$
   $= 2\pi\mathrm{i}\left[\dfrac{\mathrm{i}^2 - \mathrm{i} + 2}{4\times\mathrm{i}^3 + 20\times\mathrm{i}} + \dfrac{(3\mathrm{i})^2 - 3\mathrm{i} + 2}{4\times(3\mathrm{i})^3 + 20\times 3\mathrm{i}}\right] = \dfrac{5\pi}{12}$.

7. $I = 0 + \int_{|z|=3}\dfrac{1}{z^2(z+4)(z+2)}\mathrm{d}z = \int_{|z|=3}\dfrac{1}{z^2(z+4)(z+2)}\mathrm{d}z$
   $= 2\pi\mathrm{i}\{\mathrm{Res}[f(z), 0] + \mathrm{Res}[f(z), -2]\}$
   $= 2\pi\mathrm{i}\left\{\lim_{z\to 0}\left[\dfrac{1}{(z+4)(z+2)}\right]' + \dfrac{1}{8}\right\}$
   $= 2\pi\mathrm{i}\left[\lim_{z\to 0}\dfrac{-z-2-z-4}{(z+4)^2(z+2)^2} + \dfrac{1}{8}\right] = 2\pi\mathrm{i}\left(\dfrac{1}{8} - \dfrac{3}{32}\right) = \dfrac{\pi\mathrm{i}}{16}$

8. $u = x^2 + axy + by^2$, $v = cx^2 + dxy + y^2$;
   $u_x = 2x + ay$, $u_y = ax + 2by$, $v_x = 2cx + dy$, $v_y = dx + 2y$;
   $2x + ay = dx + 2y$, $ax + 2by = -2cx - dy$, $a = 2$, $d = 2$, $a = -2c$, $2b = -d$;

$$a = 2, \ d = 2, \ c = -1, \ b = -1;$$
$$f(z) = x^2 + 2xy - y^2 + i(-x^2 + 2xy + y^2)$$
$$= x^2 + 2xyi - y^2 - i(x^2 + 2xyi - y^2)$$
$$= (1-i)z^2$$
$$f'(z) = 2(1-i)z.$$

9. 在 $2 < |z| < \infty$ 内，$\left|\dfrac{i}{z}\right| < 1$，$\left|\dfrac{2}{z}\right| < 1$；

$$f(z) = -\frac{1}{2+i}\left[\frac{1}{z+i} - \frac{1}{z-2}\right] = -\frac{1}{2+i}\left[\frac{1}{z\left(1+\dfrac{i}{z}\right)} - \frac{1}{z\left(1-\dfrac{2}{z}\right)}\right]$$
$$= -\frac{1}{2+i}\left[\sum_{n=0}^{\infty}(-i)^n z^{-n-1} - \sum_{n=0}^{\infty} 2^n \cdot z^{-n-1}\right]$$
$$= -\frac{1}{2+i}\sum_{n=0}^{\infty}\left[(-i)^n - 2^n\right]z^{-n-1}.$$

10. 令 $Y(s) = L[y(t)]$.

$$s^2 Y(s) - 1 - 4sY(s) + 3Y(s) = \frac{1}{s-1},$$
$$Y(s) = \frac{s}{(s-1)^2(s-3)} = \frac{-\dfrac{3}{4}}{s-1} + \frac{-\dfrac{1}{2}}{(s-1)^2} + \frac{\dfrac{3}{4}}{s-3},$$
$$y(t) = -\frac{3}{4}e^t - \frac{1}{2}te^t + \frac{3}{4}e^{3t}.$$

复变函数与积分变换综合测试题四

一、填空题

1. 1；2. $\cos(\dfrac{\pi}{2}-\alpha) + i\sin(\dfrac{\pi}{2}-\alpha)$；3. $2zi$；4. 0；5. $\sqrt{2}$；6. 4

二、解答题

1. 原式 $= \int_0^1 (x^2 + ix^2)(1+2ix)dx = \dfrac{5}{6}i - \dfrac{1}{6}$.

2. $\dfrac{1}{e^z - 1} - \dfrac{1}{z} = \dfrac{z - e^z + 1}{z(e^z - 1)}$，$e^z - 1 = 0$，$z = 2k\pi i$（$k$ 为整数）.

   0 是 $f(z)$ 的可去奇点；$2k\pi i$（k 为等于零的整数）是 $f(z)$ 的一级级点.

3. $I = \oint_{|z|=0.5} \dfrac{1}{z}\left[1 + \dfrac{1}{z-1} + \dfrac{1}{(z-1)^2} + \dfrac{1}{(z-1)^4}\right]dz = 2\pi i\left[1 + \dfrac{1}{z-1} + \dfrac{1}{(z-1)^2} + \dfrac{1}{(z-1)^4}\right]\bigg|_{z=0} = 8\pi i$

4. C 的方程为 $z = (3+4i)t$, $0 \leqslant t \leqslant 1$. 而在 C 上

$$\left|\frac{1}{z-i}\right| = \frac{1}{|3t+(4t-1)i|} = \frac{1}{\sqrt{25\left(t-\frac{4}{25}\right)^2 + \frac{9}{25}}} \leqslant \frac{5}{3},$$

$$\left|\int_C \frac{1}{z-i} dz\right| \leqslant \frac{5}{3} \int_C ds \leqslant \frac{25}{3}.$$

5. $F(\omega) = F[f(t)] = \int_{-\infty}^{+\infty} \delta(t-5)\cos(t+1)e^{-j\omega t} dt f(t) = \cos 6 e^{-6j\omega}$;

$L[\cos t] = \dfrac{s}{s^2+1}$, $L[g(t)] = \dfrac{s-1}{(s-1)^2+1}$.

6. $\dfrac{1}{z^2}\sin z^2 + z^2 \sin \dfrac{1}{z^2} = \dfrac{1}{z^2} \sum_{n=0}^{\infty}(-1)^n \dfrac{z^{4n+2}}{(2n+1)!} + z^2 \sum_{n=0}^{\infty}(-1)^n \dfrac{z^{-4n-2}}{(2n+1)!}$,无奇数项.

故 $c_{-1} = 0$,因而 $I = 0$.

7. 令 $\theta = 2x$, $z = e^{i\theta}$,

$$I = \frac{1}{2}\int_0^{2\pi} \frac{1}{1+0.6\cos\theta} d\theta = \frac{1}{2}\oint_{|z|=1} \frac{1}{1+0.6\frac{z+z^{-1}}{2}} \frac{1}{iz} dz = \frac{1}{i}\oint_{|z|=1} \frac{1}{0.6z^2+2z+0.6} dz$$

$$= \frac{5}{i}\oint_{|z|=1} \frac{1}{(3z+1)(z+3)} dz = \frac{5}{i} \times 2\pi i \operatorname{Res}\left[\frac{1}{(3z+1)(z+3)}, -\frac{1}{3}\right] = \frac{5}{4}\pi.$$

8. 设 $F[x(t)] = X(\omega)$,因 $F[\delta(t)] = 1$,方程两边取傅里叶变换

$$2j\omega X(\omega) + X(\omega) = 1, \quad X(\omega) = \frac{1}{j2\omega+1} = \frac{1}{2} \frac{1}{\frac{1}{2}+j\omega}$$

$$x(t) = \begin{cases} 0, & t < 0 \\ \dfrac{1}{2} e^{-\frac{1}{2}t}, & t \geqslant 0. \end{cases}$$

9. 对方程两边取拉普拉斯变换,并结合初始条件,有

$$s^2 Y(s) - sY(s) - y'(0) + Y(s) = \frac{20}{s^2+4}$$

$$Y(s) = \frac{20}{(s^2+1)(s^2+4)} + \frac{y'(0)}{s^2+1} = \frac{20}{3}\left(\frac{1}{s^2+1} - \frac{1}{s^2+4}\right) + \frac{y'(0)}{s^2+1}$$

$$y(t) = \frac{20}{3}\sin t - \frac{10}{3}\sin 2t + y'(0)\sin t$$

由 $y(\dfrac{\pi}{2}) = 1$,可得 $y'(0) = \dfrac{17}{3}$

$y(t) = \sin t - \dfrac{10}{3}\sin 2t$.

10. $f(z) = \dfrac{z+3}{(z-1)(z-2)} = \dfrac{5}{z-2} - \dfrac{4}{z-1} = \dfrac{5}{z-2} - \dfrac{4}{z-2+1}$

$= \dfrac{5}{z-2} - \dfrac{4}{(z-2)(1+\dfrac{1}{z-2})} = \dfrac{5}{z-2} - 4\sum_{n=0}^{\infty}(-1)^n (z-2)^{-n-1}$

11. $f(z) = \dfrac{z}{1+z} e^{\frac{1}{z}}$, $I = 2\pi i \{\text{Res}[f(z), -1] + \text{Res}[f(z), 0]\}$

$\text{Res}[f(z), -1] = \lim\limits_{z \to -1}(z+1)\dfrac{z}{1+z} e^{\frac{1}{z}} = -e^{-1}$

$f(z) = \dfrac{z}{1+z} e^{\frac{1}{z}} = \sum\limits_{k=0}^{\infty}(-1)^k z^{k+1} \sum\limits_{n=0}^{\infty}\dfrac{z^{-n}}{n!}$, $|z| < 1$

$k+1-n = -1$, $n = k+2$, $\text{Res}[f(z), 0] = C_{-1} = \sum\limits_{k=0}^{\infty}(-1)^k \dfrac{1}{(k+2)!} = e^{-1}$

$I = 0$.

复变函数与积分变换综合测试题五

一、选择题

1. A   2. B   3. B   4. A   5. A

二、填空题

1. $iF'(\omega)$； 2. 4； 3. $\dfrac{1}{3}$； 4. $\pi-3$； 5. $\dfrac{2\pi ei}{2019!}$

三、解答题

1. $\oint_{|z|=3}\dfrac{1}{\cos z}dz = 2\pi i\left[\text{Res}\left(\dfrac{1}{\cos z}, \dfrac{\pi}{2}\right) + \text{Res}\left(\dfrac{1}{\cos z}, -\dfrac{\pi}{2}\right)\right]$
$= 2\pi i\left[\dfrac{1}{(\cos z)'}\bigg|_{z=\frac{\pi}{2}} + \dfrac{1}{(\cos z)'}\bigg|_{z=-\frac{\pi}{2}}\right] = 0.$

2. $u = x^3 + axy^2$, $v = bx^2y - y^3$,
    $u_x = 3x^2 + ay^2, u_y = 2axy, v_x = 2bxy, v_y = bx^2 - 3y^2$,
    $3x^2 + ay^2 = bx^2 - 3y^2$, $2axy = -2bxy$, $a = -3, b = 3$.
    $f(z) = x^3 - 3xy^2 + (3x^2y - y^3)i = z^3, f'(z) = 3z^2$.

3. $e^z - 1 = 0$, $z = 2k\pi i$（k 为整数）.
    0 是 $f(z)$ 的二级级点；$2k\pi i$（k 为不等于零的整数）是 $f(z)$ 的一级级点.

4. $v_x = 2x + 5$, $v_y = -2y$, $f'(z) = u_x + iv_x = v_y + iv_x = -2y + 2xi + 5i = 2iz + 5i$,
    $f(z) = iz^2 + 5iz + c$.

5. $\sum\limits_{n=-2}^{\infty} z^n = z^{-2} + z^{-1} + \dfrac{1}{1-z}$, $(0 < |z| < 1)$.

$$\oint_{|z|=0.5}\sum_{n=-2}^{\infty}z^n\mathrm{d}z=\oint_{|z|=0.5}z^{-2}\mathrm{d}z+\oint_{|z|=0.5}z^{-1}\mathrm{d}z+\oint_{|z|=0.5}\frac{1}{1-z}\mathrm{d}z=0+2\pi\mathrm{i}+0=2\pi\mathrm{i}.$$

6. (1) $f(z)=\dfrac{\mathrm{e}^{z-\mathrm{i}}\mathrm{e}^{\mathrm{i}}}{(z-\mathrm{i})^3}=\sum_{n=0}^{\infty}\dfrac{\mathrm{e}^{\mathrm{i}}}{n!}(z-\mathrm{i})^{n-3},\ c_{-1}=\dfrac{\mathrm{e}^{\mathrm{i}}}{2!}=\dfrac{\mathrm{e}^{\mathrm{i}}}{2}$;

(2) $\mathrm{Res}[f(z),\mathrm{i}]=c_{-1}=\dfrac{\mathrm{e}^{\mathrm{i}}}{2}$.

7. $1+z^6=0,\ z^6=-1=\mathrm{e}^{2k\pi\mathrm{i}+\pi\mathrm{i}},\ z_k=\mathrm{e}^{\frac{2k\pi\mathrm{i}+\pi\mathrm{i}}{6}},\ k=0,1,2,3,4,5$,

z_k 为 $f(z)$ 的一级极点，$\mathrm{Res}[f(z),z_k]=\left.\dfrac{z^5}{(1+z^6)'}\right|_{z=z_k}=\dfrac{1}{6}$,

$\oint_C f(z)\mathrm{d}z=2\pi\mathrm{i}\sum_{k=0}^{5}\mathrm{Res}[f(z),z_k]=2\pi\mathrm{i}$.

8. $n=2,\ m=4,\ m-n=2$,

$$I=2\pi\mathrm{i}\left\{\mathrm{Res}\left[\frac{z^2}{2z^4+5z^2+2},\sqrt{2}\mathrm{i}\right]+\mathrm{Res}\left[\frac{z^2}{2z^4+5z^2+2},\frac{\sqrt{2}}{2}\mathrm{i}\right]\right\}$$

$$=2\pi\mathrm{i}\left[\frac{(\sqrt{2}\mathrm{i})^2}{8\times(\sqrt{2}\mathrm{i})^3+10\times\sqrt{2}\mathrm{i}}+\frac{(\frac{\sqrt{2}}{2}\mathrm{i})^2}{8\times(\frac{\sqrt{2}}{2}\mathrm{i})^3+10\times\frac{\sqrt{2}}{2}\mathrm{i}}\right]$$

$$=\frac{\sqrt{2}\pi}{6}$$

9. 令 $Y(s)=L[y(t)]$

$Y(s)=\dfrac{1}{s-2}-\dfrac{Y(s)}{s},\ Y(s)=\dfrac{s}{(s+1)(s-2)}=\dfrac{\frac{2}{3}}{s-2}+\dfrac{\frac{1}{3}}{s+1}$

$y(t)=\dfrac{2}{3}\mathrm{e}^{2t}+\dfrac{1}{3}\mathrm{e}^t$

10. $F(\omega)=F[f(t)]=\int_{-\infty}^{+\infty}[2\cos 2t+\delta(t+4)\sin 2t]\mathrm{e}^{-\mathrm{j}\omega t}\mathrm{d}t$

$=2\int_{-\infty}^{+\infty}\cos 2t\mathrm{e}^{-\mathrm{j}\omega t}\mathrm{d}t+\int_{-\infty}^{+\infty}\delta(t+4)\sin 2t\mathrm{e}^{-\mathrm{j}\omega t}\mathrm{d}t$

$=\int_{-\infty}^{+\infty}(\mathrm{e}^{2\mathrm{j}t}+\mathrm{e}^{-2\mathrm{j}t})\mathrm{e}^{-\mathrm{j}\omega t}\mathrm{d}t-\sin 8\mathrm{e}^{4\mathrm{j}\omega}$

$=\int_{-\infty}^{+\infty}\left[\mathrm{e}^{-\mathrm{j}(\omega-2)t}+\mathrm{e}^{-\mathrm{j}(\omega+2)t}\right]\mathrm{d}t-\sin 8\mathrm{e}^{4\mathrm{j}\omega}$

$=2\pi\delta(\omega-2)+2\pi\delta(\omega+2)-\sin 8\mathrm{e}^{4\mathrm{j}\omega}$

复变函数与积分变换综合测试题六

一、填空题

1. $\ln 3+(2k\pi+\pi)\mathrm{i}$，（$k$ 为整数）；2. $\mathrm{e}^{-2k\pi}[\cos(\ln 2)+\mathrm{i}\sin(\ln 2)]$，（$k$ 为整数）；

3. $\dfrac{1}{z}$; 4. 3; 5. 0; 6. 5; 7. 1; 8. $49\pi i$; 9. $g(a)$; 10. $\dfrac{1}{e}$.

二、解答题

1. $\cos(\mathrm{i}n)=\dfrac{\mathrm{e}^{-n}+\mathrm{e}^{n}}{2}\to +\infty\ (n\to +\infty)$,

   $\dfrac{\cos(\mathrm{i}n)}{n^2}=\dfrac{\mathrm{e}^{-n}+\mathrm{e}^{n}}{2n^2}\to +\infty\ (n\to +\infty)$, 级数 $\sum\limits_{n=1}^{\infty}\dfrac{\cos(\mathrm{i}n)}{n^2}$ 发散.

2. $v(x,y)=\mathrm{e}^{px}\sin y$, $v_x=p\mathrm{e}^{px}\sin y$, $v_y=\mathrm{e}^{px}\cos y$,

   $v_{xx}=p^2\mathrm{e}^{px}\sin y$, $v_{yy}=-\mathrm{e}^{px}\sin y$, $v_{xx}+v_{yy}=0$,

   $p=1$ 或 -1 时, v 为调和函数,

   当 $p=1$ 时, $f'(z)=u_x+\mathrm{i}v_x=v_y+\mathrm{i}v_x=\mathrm{e}^x\cos y+\mathrm{i}\mathrm{e}^x\sin y=\mathrm{e}^z$, $f(z)=\mathrm{e}^z+c$,

   当 $p=-1$ 时, $f'(z)=u_x+\mathrm{i}v_x=v_y+\mathrm{i}v_x=\mathrm{e}^{-x}\cos y-\mathrm{i}\mathrm{e}^{-x}\sin y=\mathrm{e}^{-z}$, $f(z)=-\mathrm{e}^{-z}+c$.

3. $F(\omega)=F[f(t)]=\int_{-\infty}^{+\infty}[\mathrm{e}^{-|t|}+\delta(t)]\mathrm{e}^{-\mathrm{j}\omega t}\mathrm{d}t=\int_{-\infty}^{+\infty}\mathrm{e}^{-|t|}\mathrm{e}^{-\mathrm{j}\omega t}\mathrm{d}t+\int_{-\infty}^{+\infty}\delta(t)\mathrm{e}^{-\mathrm{j}\omega t}\mathrm{d}t$

   $=\int_0^{+\infty}\mathrm{e}^{-t}\mathrm{e}^{-\mathrm{j}\omega t}\mathrm{d}t+\int_{-\infty}^{0}\mathrm{e}^{t}\mathrm{e}^{-\mathrm{j}\omega t}\mathrm{d}t+1=\dfrac{3+\omega^2}{1+\omega^2}$

4. C 的方程为 $z=(2+3\mathrm{i})t$, $0\leqslant t\leqslant 1$, $x=2t$, $y=3t$,

   $I=\int_0^1[(2t-3t)+\mathrm{i}2t\times 3t](2+3\mathrm{i})\mathrm{d}t=-7+\dfrac{5}{2}\mathrm{i}$

5. $z^8\sin\dfrac{1}{z}=\sum\limits_{n=0}^{\infty}(-1)^n\dfrac{z^{-2n+7}}{(2n+1)!}$, $c_{-1}=\dfrac{1}{9!}$, $I=\dfrac{2\pi\mathrm{i}}{9!}$.

6. 当 $0<|z|<1$ 时, $f(z)=\dfrac{1}{z^2[1-(-z)]}=\sum\limits_{n=0}^{\infty}(-1)^n z^{n-2}$;

   当 $1<|z+1|<+\infty$ 时,

   $f(z)=-\dfrac{1}{z+1}\left(\dfrac{1}{z}\right)'=-\dfrac{1}{(z+1)}\left(\dfrac{1}{z+1}\times\dfrac{1}{1-\dfrac{1}{z+1}}\right)'=\sum\limits_{n=0}^{\infty}(n+1)(z+1)^{-n-3}$.

7. $I=2\pi\mathrm{i}\{\operatorname{Res}[f(z),\pi]+\operatorname{Res}[f(z),1]\}$

   $=2\pi\mathrm{i}\left\{\lim\limits_{z\to -\pi}\left[(z+\pi)\dfrac{\sin z}{(z-5)^3(z+\pi)^2(z-1)}\right]+\lim\limits_{z\to 1}\left[(z-1)\dfrac{\sin z}{(z-5)^3(z+\pi)^2(z-1)}\right]\right\}$

   $=-2\pi\mathrm{i}\left[\dfrac{1}{(\pi+5)^3(\pi+1)}+\dfrac{\sin 1}{64(\pi+1)^2}\right]$

8. $I=2\int_0^{\pi}\dfrac{\mathrm{d}x}{2+2\sin^2 x}=2\int_0^{\pi}\dfrac{\mathrm{d}x}{3-\sin 2x}=\int_0^{2\pi}\dfrac{\mathrm{d}\theta}{3-\sin\theta}=-2\oint_{|z|=1}\dfrac{\mathrm{d}z}{z^2-6\mathrm{i}z-1}$

   $=-4\pi\mathrm{i}\operatorname{Res}\left(\dfrac{1}{z^2-6\mathrm{i}z-1},3\mathrm{i}-2\sqrt{2}\mathrm{i}\right)=\dfrac{\pi}{\sqrt{2}}$

9. 令 $Y(s)=L[y(t)]$,

   $Y(s)=\dfrac{3}{s^2}+Y(s)\dfrac{1}{s^2+1}$, $Y(s)=\dfrac{3}{s^2}+\dfrac{3}{s^4}$,

$y(t) = 3t + \dfrac{t^3}{2}$

10. $F(\omega) = F[f(t)] = \int_{-1}^{+1} e^{-j\omega t} dt = -\dfrac{e^{-j\omega t}}{j\omega}\Big|_{-1}^{1} = \dfrac{2\sin\omega}{\omega}$,

在连续点处有 $f(t) = \dfrac{1}{2\pi}\int_{-\infty}^{+\infty} F(\omega) e^{j\omega t} d\omega = \dfrac{1}{\pi}\int_{-\infty}^{+\infty} \dfrac{\sin\omega}{\omega} e^{j\omega t} d\omega$.

令 $t = 0$，则有 $f(0) = \dfrac{1}{\pi}\int_{-\infty}^{+\infty} \dfrac{\sin\omega}{\omega} d\omega = \dfrac{2}{\pi}\int_{0}^{+\infty} \dfrac{\sin\omega}{\omega} d\omega = 1$,

所以 $\int_{0}^{+\infty} \dfrac{\sin\omega}{\omega} d\omega = \dfrac{\pi}{2}$

复变函数与积分变换综合测试题七

一、选择题

1. C   2. A   3. C   4. C   5. D

二、填空题

1. 9；2. 0；3. $\dfrac{1}{s(s^2+1)}$；4. $e^{-\pi}$；5. $\sqrt{5}$.

三、解答题

1. $e^z - 1 = 0$，$z = 2k\pi i$（k 为整数）.

    0 是 $f(z)$ 的可去奇点；$2k\pi i$（k 为不等于零的整数）是 $f(z)$ 的一级极点，

    1 是 $f(z)$ 的本性奇点；$2k\pi$（k 为不等于零的整数）是 $f(z)$ 的二级极点.

2. $I = \oint_{|z|=3} \dfrac{z^3}{z-2} dz + \oint_{|z|=3} z e^z dz = 2\pi i \times 2^3 + 0 = 16\pi i$

3. $I = \left(\cos\dfrac{\pi}{3} + i\sin\dfrac{\pi}{3}\right)^{2020} = e^{i\frac{\pi}{3}\times 2020} = e^{673\pi i + \frac{4}{3}\pi i} = e^{\frac{4}{3}\pi i} = \dfrac{-1-\sqrt{3}i}{2}$

4. $I = \oint_{|z-2|=2} e^{-\frac{1}{z-2}} dz = \oint_{|z-2|=2} \sum_{n=0}^{\infty} \dfrac{(-1)^n}{n!}(z-2)^{-n} dz = \sum_{n=0}^{\infty} \dfrac{(-1)^n}{n!} \oint_{|z-2|=2} (z-2)^{-n} dz = -2\pi i$

5. $f'(z) = u_x + iv_x = v_y + iv_x = \dfrac{x^2 - y^2}{(x^2+y^2)^2} - \dfrac{2xy}{(x^2+y^2)^2}i = \dfrac{x^2 - y^2 - 2xyi}{(x^2+y^2)^2} = \dfrac{1}{z^2}$,

    $f(z) = -\dfrac{1}{z} + C$，由 $f(2) = 0$ 可得 $C = \dfrac{1}{2}$，$f(z) = -\dfrac{1}{z} + \dfrac{1}{2}$.

6. $f(z) = \text{Re}(z^2) = x^2 - y^2$，$u = x^2 - y^2$，$v = 0$

$u_x = 2x, u_y = -2y, v_x = 0, v_y = 0, 2x = 0, -2y = -0$

只有原点是可导的，无解析点.

L 的参数方程为 $z = \mathrm{i} + t$ $(0 \leqslant t \leqslant 1)$

$$\int_L \mathrm{Re}(z^2)\mathrm{d}z = \int_0^1 \mathrm{Re}(\mathrm{i}+t)^2 \mathrm{d}t = \int_0^1 (t^2-1)\mathrm{d}t = -\frac{2}{3}.$$

7. 当 $|z|>2$ 时，$f(z)=0$，因而有 $f'(z) = f''(z) = 0$；

当 $|z|<2$ 时，$f(z) = \cos z + z^3$，

因而有 $f'(z) = 2\pi\mathrm{i}(-\sin z + 3z^2)$, $f''(z) = 2\pi\mathrm{i}(-\cos z + 6z)$；

$f''(\frac{\pi}{2}) = 2\pi\mathrm{i}(-\cos\frac{\pi}{2} + 6 \times \frac{\pi}{2}) = 6\pi^2 \mathrm{i}$.

8. （1）$\dfrac{1}{1-z} = \sum_{n=0}^{\infty} z^n$, $\dfrac{1}{(1-z)^2} = \left(\dfrac{1}{1-z}\right)' = \left(\sum_{n=0}^{\infty} z^n\right)' = \sum_{n=1}^{\infty} nz^{n-1}$,

$$f(z) = \frac{1}{z(1-z)^2} = \frac{1}{z}\sum_{n=1}^{\infty} nz^{n-1} = \sum_{n=1}^{\infty} nz^{n-2};$$

（2）$f(z) = \dfrac{1}{z(1-z)^2} = \dfrac{1}{(z-1)^2(z-1+1)} = \dfrac{1}{(z-1)^3(1+\dfrac{1}{z-1})}$

$$= \frac{1}{(z-1)^3}\sum_{n=0}^{\infty}(-1)^n(z-1)^{-n} = \sum_{n=0}^{\infty}(-1)^n(z-1)^{-n-3}$$

9. $n=1, m=4, m-n = 3 \geqslant 1$.

$$\int_{-\infty}^{+\infty} \frac{x\mathrm{e}^{\mathrm{i}x}}{(1+x^2)(9+x^2)}\mathrm{d}x = 2\pi\mathrm{i}\left[\mathrm{Re}s\left(\frac{z\mathrm{e}^{\mathrm{i}z}}{(1+z^2)(9+z^2)},\mathrm{i}\right) + \mathrm{Re}s\left(\frac{z\mathrm{e}^{\mathrm{i}z}}{(1+z^2)(9+z^2)},3\mathrm{i}\right)\right]$$

$$= 2\pi\mathrm{i}\frac{\mathrm{e}^{-1}-\mathrm{e}^{-3}}{16} = \frac{\pi(\mathrm{e}^{-1}-\mathrm{e}^{-3})\mathrm{i}}{8}$$

$$I = \frac{1}{2}\mathrm{Re}\int_{-\infty}^{+\infty}\frac{x\mathrm{e}^{\mathrm{i}x}}{(1+x^2)(9+x^2)}\mathrm{d}x = \frac{\pi(\mathrm{e}^{-1}-\mathrm{e}^{-3})}{16}$$

10. 设 $L[y(t)] = Y(s)$. 在方程两边取拉普拉斯变换，并考虑到初始条件，得

$$-\frac{\mathrm{d}}{\mathrm{d}s}[s^2 Y(s) - s - 1] + 2sY(s) - 2 - \frac{\mathrm{d}}{\mathrm{d}s}Y(s) = 0,$$

$$-2sY(s) - s^2 Y'(s) + 1 + 2sY(s) - 2 - Y'(s) = 0,$$

$$Y'(s) = -\frac{1}{s^2+1} = \frac{-\dfrac{1}{s^2}}{1+\dfrac{1}{s^2}}, Y(s) = \arctan\frac{1}{s} + C,$$

$y(t) = \dfrac{\sin t}{t} + C\delta(t)$,由 $y(0) = 1$，可知 $C = 0$，因此 $y(t) = \dfrac{\sin t}{t}$.

四、证明题

证明：$f'(0) = \dfrac{1}{2\pi\mathrm{i}}\oint_{|z|=1}\dfrac{f(z)}{z^2}\mathrm{d}z$, $|f'(0)| \leqslant \dfrac{1}{2\pi}\oint_{|z|=1}\dfrac{|f(z)|}{|z|^2}\mathrm{d}s \leqslant \dfrac{1}{2\pi}\oint_{|z|=1}\mathrm{d}s = 1$.

参考文献

[1] 西安交通大学高等数学教研室. 复变函数[M]. 4 版. 北京：高等教育出版社，1996.
[2] 张元林. 积分变换[M]. 5 版. 北京：高等教育出版社，2012.
[3] 宋苏罗. 复变函数与积分变换[M]. 北京：科学出版社，2013.
[4] 薛有才，卢柏龙. 复变函数与积分变换[M]. 北京：机械工业出版社，2010.
[5] 沈小芳. 复变函数·积分变换及应用[M]. 武汉：华中科技大学出版社，2017.
[6] 钟玉泉. 复变函数论[M]. 北京：高等教育出版社，2008.